呂思勉 著

呂思勉手稿珍本叢刊
中國古代史札録

12

賦稅三
財政附文具
文具

上海古籍出版社

第十二册目録

文具

賦税三

賦稅

嘉慶大清會典　卷十一　凡田地之別有

民田

更名田

屯地

灶地

旗地

莊田

恩賞地

牧地

壇地

學田

籍田

蘆田

莊田者 清在滿州時所有之地及定鼎燕京後以帝室及勳戚大臣太監等領地 屬內務府不屬州縣 其地皆分為莊園 肥瘠分四等 莊置莊長 以其親族承充之 即代作人也 其莊租即小作料 有定額 以其價額納銀 其徵收之法 盛京轄於內務府會計司派催長 在盛京係其將軍派屬員 熱河總管大臣派喀喇河屯同知以同派委署主事催長等 佐領協領城打牲烏拉等或該將軍副都統等各地方官收送會計司

莊田外尚有果園 內務府掌儀司管 與宮殿園囿同皆所謂皇室私產也

租稅

州縣起輸所支錢州〻〻〻〻送本路司一係由州縣起支遣外

路司

本路保常持換　以十分之一送江仰錢存蓄庫中

饒

一頁所録考查制麵撥餅以禁糜費

以一切經音義之

宸

寬之權酌之處

隨時

賦役

魏武以前全年郎的況鹽鐵

此稿住十二〇十三

賦役

漢末産子一歲即出口錢

水經湘水注　卅八之七

暨

清暨課

清代通史中　三元九　又八元九

什塩錢

及緊耕稼者 非缺 制权 收單 塩錢

臣下 擇田餓 得役

丹赤角逋 疾處 抃務 斜役

行鹽

[illegible]

肉

法肉税

法律適用 三七二

[illegible]

征伐

[illegible]

[illegible]

[illegible]

[illegible]

捐

清藥捐

清鹽道安上六六三

清減落粉和砂捐

又上七一八

清罰制錢捐

同上中 三二六一二六九

又四二二

例四

尚好區畫之名，一與讖緯

一曰 新僞八明為讖緯

賦稅

鐵錢言御奏之

[redacted]

宜毋為國一錢錢詳　鐵錢之議　律擬論

以下　良貨策　白擬某林議

齊武帝刻門事者

日知錄錢法之變條卷十一

[illegible]

潞州人參

傳云：乃兄弟王制人參無[illegible]天下不生此，不甚[illegible]太子各衙門礼為

河南郡縣上竹山緣嘉遠為多，調出御史，考之人參上供

十年下詔五十斤，歲調非所重，民得以實之。

皇朝文獻通考劄記　陽湖呂思勉誠之隨筆

國家錢貨充盈無藉鈔法之用今乃貧之至此可勝嘆哉 一凡例

滋生人丁永不加賦實弊政也試問國用將何以堪之至今日

而弊斯極矣 同上

常經二字最足駴常經也 同上 四

此書爲乾隆十二年奉　敕撰 總目 二

初以明代各藩所占田歸民墾種明名曰更名田 一一

草十分爲一束 同上

自明代相沿凡職田没官田官租田廢寺田不徵糧米止徵折

色且官折田園地 同上 三

廣一步方縱二百四十步為畝 同上・五

順治十三年令民間種植樹木地方官加意勸課如私伐他人樹株者按律治罪 同上・六

二百四十步為一畝 同上

康熙十年準貢監生員民人墾地二十頃以上試其文義通者以縣丞用不能通曉者以百總用一百頃以上文義通順者以知縣用不能通曉者以守備用此與捐納同矣特捐納易而此難此與利于下而捐納斂利于上 二三

二十四年重修賦役全書以賦役全書成于順治初歷有成年戶口土田昕昔有加其間條目易于混淆命重修之此載切要

款目删去絲秒以下尾數以除吏書飛灑駁查之弊二十六年
書成仍以九卿議舊冊行之已久新書停其頒發今所司存貯
同上·四
順治十八年至康熙二十四年增田五十八萬四千八百五
十三頃六十一畝增賦銀二百八十八萬三千七百一十八兩
減糧二百一十四萬八千三百三十四石同上·五
火耗已善何如增俸乎三二·
地皆朕土人皆朕臣是何言与同上·四
雍正二年較康熙二十四年增田七十五萬九千四百八十四
頃二十六畝賦銀一百九十一萬二千八百十七兩糧四十萬

二百六十九石草六千六百九十八束嗣後江南江西浙江浮糧漕鹽兌至六十餘萬兩同上上條上・

乾隆元年諭〻山〻　諭山東益都縣有前明廢藩更名地當時為藩封之產不納課糧召人承種輸租止吏姓名無庸過割謂之更名地較之民糧多二倍至四倍不等在當日居民投靠藩勢借佃護身積漸增加沿為陋例今則同為民田而納糧尚仍舊額名為欽租地糧多賦重小民輸納維艱朕心深軫念著將欽租名色〻銷〻照該縣上等民地按畝承糧大畝納銀二錢一分小畝納銀〻四六分四釐歸入民糧項下一體徵收俾循推正之供永除偏重之弊四二・

加俸而火耗可除火耗除而安能私增哉 同上 一三 入安能將戥頭

加重哉 同上 一四

乾隆十八年校雍正二年增田二十四萬三千二百二十八頃

六十一畝賦銀三百二十四萬八千六百六十兩糧三百六十

八萬五千二十二石草五百四萬一百五十九束 同上 一〇

六畝為一晌 一五

乾隆元年　諭開河挑取淤泥遠移他處或築堤岸或填窪

下方為可久若堆於河傍水漲旋淤有名無實徒滋煩擾今之

開河者可以悟矣 一七

三十七年　諭近水居民與水爭地所佔之地日益增則蓄

水之區日益減毋遏瀦漲水無所容甚至漫溢爲患在閭閻獲利非有限而于河務關繫非輕利害大小較然可見著通諭各督撫凡有此等瀕水地面除已墾者姑免追究外務須明切曉諭毋許復行擅耕違者治罪九・八

臣等謹按衛所之制創自前明其始也以軍隸衛以屯養軍而設都司以統轄之蓋倣唐府兵遺意至總兵副總兵參遊守把以下有事則設無事則罷未嘗以爲經制也末幾衛所之制日弛別募民以鎮守于是營軍與屯軍分而爲二屯軍惟有漕運之職其無漕運者又有番上營造之役軍政廢而屯戶亦病矣

國初仍明之舊衛所屯田給軍分佃一切襍徭皆从革除遂

因直省各設經制官兵而屯衛之軍次第裁汰至是定制惟有漕運之地仍隸衛所其餘多歸州縣蓋論其籍雖有軍民之殊而屯田輸賦則屯戶與民无異隸之州縣于體制為合且衛所官弁類皆武夫其撫恤屯軍必不能如牧民之吏而文武各相統轄詞訟交涉兼多袒護掣肘之弊此衛所改隸州縣為因時从宜之良法也 一〇·一二

雍正四年　諭曰禮天子為耤千畝諸侯百畝此則耤田之禮天可通于天下朕意欲令地方守土之官行耕耤禮使凡為官者時存重農課稼之心凡為農者亦無苟安怠惰之習著九卿詳議具奏九卿會議請通行奉天各直隸各省于該地方

擇地爲耤田每歲孟春行九推之礼明年頒耕耤仪于直省令

擇東郊官地潔淨豐腴者立爲耤田以無官地則置買民田以

四畝九分爲耤田于耤田後立先農壇令先　先農壇令守

壇之農夫灌溉耤田所收穀數造册報部一二·四

書卯點卯取其時之早也一三·二

恩免案杜宗桓有上周忱書以蘇松二府自宋至明徵府之
歷史及明代病民之由甚詳丘濬大學衍義補載蘇州一府
一府之田稅已當天下十之一蓋江南賦當天下十九兩浙
東西居江南十九蘇松常嘉湖又居兩浙十九也原文長不錄欲知其
詳者宜一攷　又蘇松官田之歷史見日知錄

洪武元年八月詔輸賄道遠之官爲轉運

思勉案此事爲以前所未有

甚勉業明代豪强欺隱之地不惟下累小民抑亦上妨國計
故明代每以比額賦入較于洪武時爲寡反居多而治平之
則亦明代此事之一大變革也今列明代賦所入前後差異
之額于左以資比校

一五四

洪武二十六年　八五〇七六二三六八畝　頃

弘治十五年官田得民田七之一　四二二八〇五八

[illegible]

弘治万曆會計錄　六二二八〇五八八一

万曆因行丈量后六年　七〇一三九七六

洪武十四年世宗時雜辭隊　八四九六〇〇〇有奇

崇禎時　七八三七五二四畝零

七八三七五二四

二夏稅米麥

洪武二十六年　米麥　四七一二九〇〇石

錢鈔　三九八〇〇錠

絹　二八八四八七匹

弘治十五年　米麥　四六二五五九〇錠

鈔　五六三八〇

絹　二〇二〇五〇錠

万曆六年　米麥　四六〇五二四〇錠

鈔　五七九〇〇錠

絹　二〇六〇〇〇錠

三稅糧

洪武二十六年　米　二四七二九四五〇石

錢鈔　五七三〇倍
絹　五九
弘治十五
米　二二一六六六六〇倍
鈔　二一九二〇倍
馬草　二五九四八二六四有零
萬曆六
米　二二〇三三一七〇倍
鈔　二三六〇〇倍
馬草折銀　三五三〇〇〇兩倍（從計銀庫過此）
明代賦稅收入數徵收各府縣，詳見王士性廣志、續通考卷二十三
方

永不起科

洪武十三年三月詔陝西河南山東北平及鳳陽淮安揚州廬州田許民儘力開墾有司毋得起科　又令山東河南開荒田坊永不起科　景泰六年户部尚書張鳳奏等山東河南北直隸并順天府無額田地甲方開荒乙即告其不納稅糧若不起科爭競之途終難杜塞今後但告爭者宜依本部所奏減輕起科則例每畝科米三升三合每糧一石科草二束（從）从之　節録日知録

懇勉業　洪武三年因鄭州知州蘇琦言命省臣議計口授田設司農司開治河南掌其事自是中書省奏天下墾田數而

歲少者斂以十計多者至二十餘万官給牛及農具者乃收其稅所招徠墾荒者亦不起科又嘗觀時戶部一疏載于春明夢餘録者頗可以見明初招徠墾荒之策

役

里長保戶

桐城舊例，姚文然令峽江，江依舊例，里長皆花戶，城中條設保戶，皆里長鄉民稱稅，咸立其家，歲錢若干數千金，又立一冊某某，治民自移出某某，逐役即守之，甚利獨日患。

兄某頓首

廿二 22、秦郡縣之制

復

清仲右道吳上

清初揭帖

216

札録

漢初以後

第二冊此葉一至八一〇

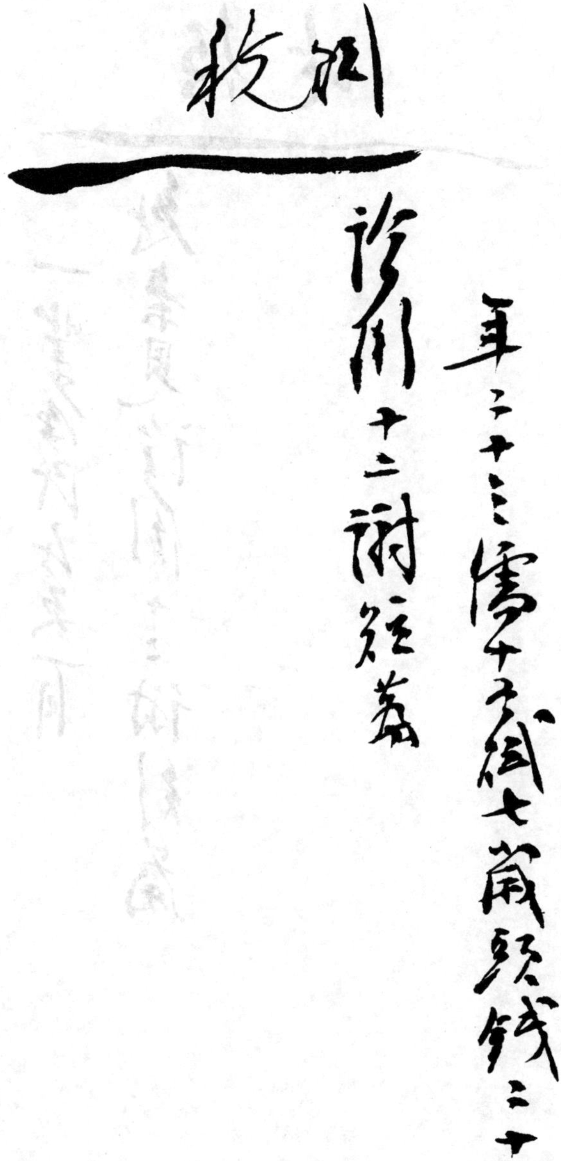

收復

一、華民族史目

勉案見讀例十二讀刻篇

賦役

清代之徭役

賈子房遺篇

稱紀

清初紀 中葉紀 季紀前紀

清 地理通年 三八一—三八七

五十冊

七月

茶稅

清茶課

清續通考中三六〇

經濟

榷酤

陔餘叢考十八宋元榷酤之重

殊鮮乎五代方鎮益强率令部曲主場院厚斂以自利其屬三司者補大吏臨之輸額之外輒入己或私納貨賂名曰貢奉用冀恩賞宋太祖始即位循舊制牧守來朝皆有貢奉趙普勸革其弊申命諸州度支經費外金帛悉送都下以助軍實無得占留方鎮闕郎命文臣權知所在場院間遣京朝官廷臣監臨又置轉運使通判條禁文簿漸爲精密由是利歸于上外權削矣

宋同天節南郊進奉金帛數單作衍中书備對述之

徽宗嘗提舉御前人船所

~~吕錄~~

錄另解放已新稿一

[illegible]

保甲為弭盜安民良規定鼎之初即舉行之其後屢經申飭為法甚詳最備然盡其權輿也十七年令民間設立里社則有里長社長雖八旗莊屯以設領催不更設里長而有地方圖有圖長保有保長甲有甲長又曰牌頭其為十家牌之首也十牌為甲頭十甲為保保長又曰保正皆以民各治其鄉之事而職役于官準諸古法變而通之以民宜之各直省名稱不同其役一也又有耆老例有頑梗不法者聞於鄉里之事順治三年僉都御史李日芃言耆老不過宣諭王化無地方責成其鄉約比以連坐法於二千情未協凡正設者與民在九家內者連坐在什外者免其株連

●二一

二

吏役之設，今古異制，而未嘗不同。如內外衙門之有書吏，猶古之有胥掾。古者由于辟召，故有秩有職，士人為之，不以為賤；今由召募充役官府，故[illegible]甚於古。日俸貸必取之鄉里之中，擇而使之。其今役有期，役替有法，入仕有階，古今相似。其在鄉里非出于奸賊者，毒害以與士夫齒。凡吏之能其事者，尋以其贊助政理，有裨吏治。在宋代謂之當司押錄，名目皆其類也。其曰快手者，以供奔走驅使，如宋之承符人、力手、力之屬，又以馬步別為名目。其主捕逐盜賊者，別名健快，亦曰應捕，其役如古游徼求盜與之類，不得與士人齒。其諸雜役則多卑矣。民壯一項，發於前明，為數亦多，後漸裁，以額設兵丁，值緝捕之事，不敷驅遣，必取

民間壯丁教以技藝以備守城禦寇巡邏注應雜差用供奔走
國初額裁甚冗制為定額凡督稅譯獨詞訟捕盜賊祇候迎
送皆役使之白役非額設之人諸匠役私引為助律有明禁嚴詰
然州縣事劇役繁勢有不能盡革者惟在得良民充之正役有
缺即以代書吏雖禁額外濫充然因稅糧由帖戶口冊籍催
募攢造者則勿論或從書吏習業名曰貼寫亦非所禁各衙
門皆有考充書識凡經制之吏有缺即于現充書識內選代惟
濫收掛名及監司衙門收受納班錢者有禁自書吏以下諸役
既應官事於差貧家在民無隙歎雇非如宋時役法貽為害逢
也其以鄉人治其鄉之事鄉約地方等役類由本鄉本里之民保送

僉充而地方一役最重凡一州縣分地若干一地管林村莊若干
其役官內徵糧完欠田宅爭辯詞訟曲直盜賊生發命案審理一切
皆與有責遇有差役所需器物責令催辦所用人夫責令攝管
稍有違誤扑責加之終歲奔走少有暇時鄉約里長甲長保長各
省各處輕重不同凡在民之役大約如此 二一 三
民間夫役河工為大用民之例有二一為僉派一為召募皆屬
民間力役前代治河州縣有常役多民夫頗為苦累。國初以設
河夫額徵土食編入賦役全書十六年河臣朱之錫條奏河防
議增河南夫役均派淮工夫役搬運河工夫食照所司設行
順治九年河決封邱趙大多處衝曼兗州及河南丁夫數万塞之

氏無派舊例也額設之夫則從役為常例也間遇大役從役為不足
即用僉派仍給工食詳見于後又改河工夫役其名不一黃河
兩岸設有堡夫二里置堡設夫二名住宿堡內常川巡守毋得
責令擔積土牛以備修補堤工之用凡各路渠堰運河所設夫
回空東省有黃運河縴夫分汛備緝過有險要調集搶護又有淺
溜橋插壩渡等夫各以其事供役又于有泉之十七州縣額設
泉夫歲以春夏秋三季在本境浚泉栽柳冬季調赴運河均令
濬淺河南有淺夫柳船長夫埽工長夫樁埽夫直隸河淀有歲
夫淺夫漳河有防夫其歲設歲僉設事例不一皆于沿河州縣派
其雇夫凡役山東運河大挑額募夫六千有餘口食酌用於千二百

有餘自給工銀外仍給以器具銀。江南浙江海塘例，設堡夫塘長。湖廣江防有堤長、圩長、圩甲、圩甲。其沿江隄岸例用民間夫役，按糧均派。至康熙五十五年〇〇〇聖祖嘗發銀六万兩助工。至雍正六年〇〇〇世宗嘗發銀六万兩。四川堰工，按照田畝攤派，加增縣官督夫冬月修築，歲久皆有所用夫役，以民由官派。

保甲維繫鄉里，民能自衛，古為善矣。二一·五

順治六年頒行〇〇〇頒行六諭卧碑文曰：孝順父母，恭敬長上，和睦鄉里，教訓子孫，各安生理，毋作非為。又于京五城設立何所宣講。康熙九年〇〇〇頒上諭十六條。雍正間廣訓也，通行講讀上

保甲始于前明嘉靖中，不日組織官，則加派以兵役，鄉里不得

賦法由考

丁隨地起三例廣東四川諸省先已行之至雍正元年准撫臣之請行于畿輔而各省大多效之惟奉天府以民人入籍增減無定仍舊分徵而山西省至乾隆十年始議酌用攤入分數之法（詳見盡遠）蓋因地制宜使有田之家所加者無多而無業之戶利益無窮甚大所以恤民之意美也　一九·六

已也。條藏君左道不能設十餘歸于有凡衆汗並以為正非 〇

〇歷朋不足隊也 二二 ●二

旗正四十

卑族。此例本周伯疆村堡兼族滿百人以上依

豈乃堅連族中人。藏州綱亦立為族正以稽歷類里閭

例制也。大清律附三條族長及流弊 〇 〇 六通議體事詳於

行余 一九 ●

清初對外稅款

中日交涉 109頁

[illegible]

十九年六月

[illegible]

賦

對屬租稅

貨稅　物稅　租稅

營業稅　　租稅　中央

地方

對於不服者

屬令訴願訴訟

常閲

讀論閲

弘十四年　二十四年二月裁　三十四年閏六月一

日裁

常园
东方红卷烟号

閻程陽傳之設

東九四七　四七

閻犯文王傳

孫之

莊悔述口釋傳例

恨一

同上　閻犯日王直日過

又

南同閩華中四閩稅外徐行

來六月[illegible]

在省署全收入之查復

殷代以[illegible]帝

第六 22 21

全省開辦各鄉院經費 加徵 附捐

九年因稅契

十三年又

后、

馬氏古辭箋一八二一・九以校案和出版

閱經絕韻了——當爲萬人

廣東海關文件

東字2024

閱相經名書

自從本年四月一日

四〇·二八以經借書均今日同收由華美局借籍

華美局書計年借14本

自華美書計年借20本

津海關

一九〇六、二、一六關税務司辛博森接收　昔關兵法處封津關

十月中央以關税務司紀爾森爲税務司、海關

學史門徑

一九二一〇四川技院今集稿前第二學期講義

兩部合高師教科稿本

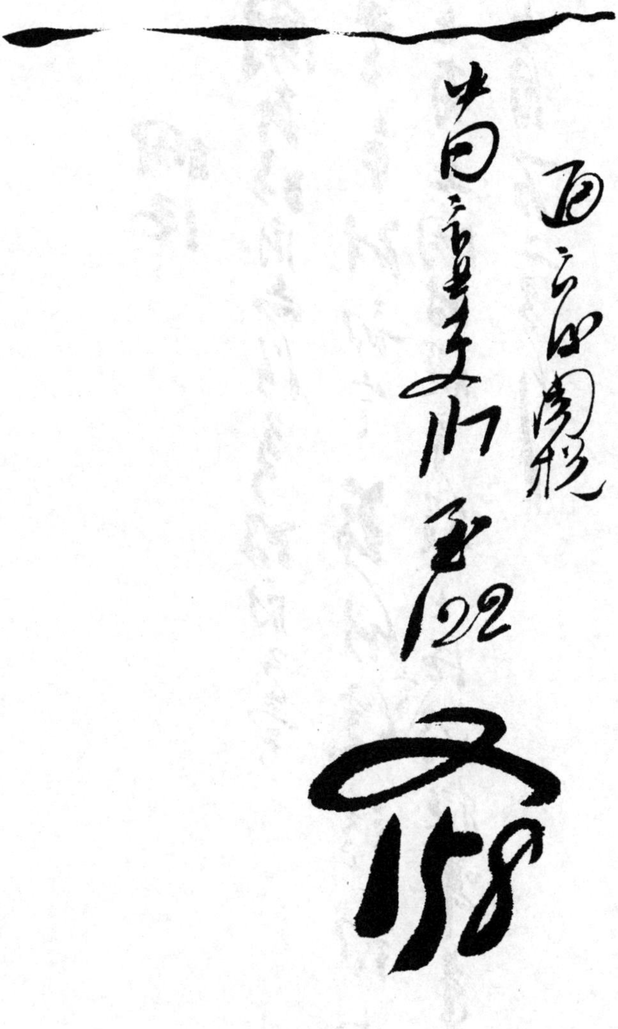

國債

國民政府公債及政府庫券

去年財部定 蘇財證 辦 鄂內除

七省土烟特税 [illegible] 經七 [illegible] 發經庫券經千

七百萬二 [illegible] 行

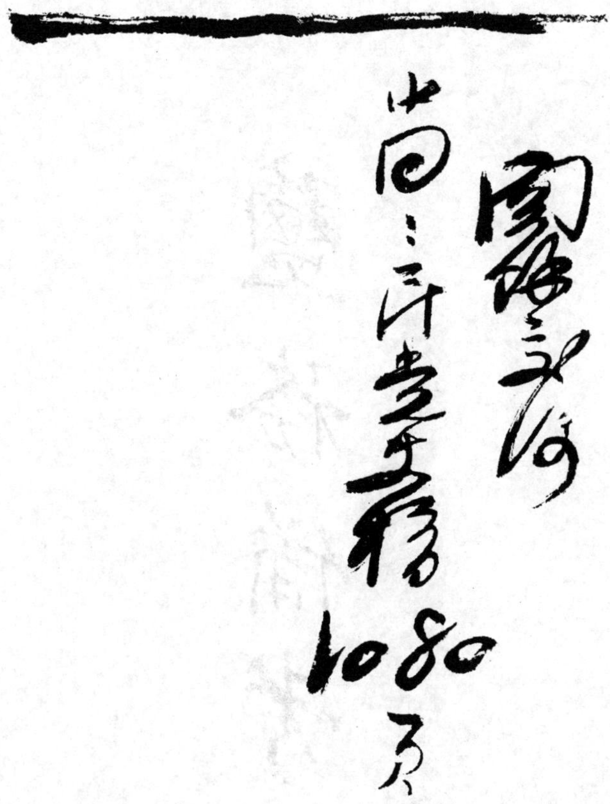
1080

鹽務備考

中國經濟研究

東方知行

主張引之説者

宋廢本爲子太廢

川滇井鹽井鹽成本高于煮鹽不能保存（然不）故一稅制之後惟昔海之都由稅收利比盛

可以因稅制變更與於所經發展即川鹽亦廢

林國之某某爲年而成本不同稅率亙異

依財政商業觀念

在此自由運行則將有大資本家挾持其資壟斷於今

關稅備考

◎外商運貨到黑之通融辦法（智）

▲外農兩部協商手續

黑龍江省長、因洋商運貨到黑銷售一事、致電農商部核辦、該部以事關外交、曾經咨行外交部核復、外交部現已函復、略謂逕啓者、准咨稱黑龍江省長代電開、璦琿商務、集中於黑河、近有外商運貨來黑、呈請准其寄寓中國商號、懸牌銷售貨物、與其無法禁阻、徒貽掩耳盜鈴之譏、誠不如量予通融、藉收因地制宜之效、茲擬在璦琿商埠未開放以前、如有外商運貨到黑、暫准寄寓中國商號、懸牌銷售、惟有不得視爲通商口岸、任意開設行棧、以示限制、請迅核電示等因、黑河地方密邇俄界、從前洋商租房營業、現時對與寄寓商號懸牌售貨一節、即不准如所請、亦與事實無礙、原電所擬辦法、自屬一時通融之計、惟若由部正式承認、准予辦理、以後遇有交涉、外人更有所藉口、黑河既有外商租房營業、現時對於寄寓中國商號售賣貨物、可否即由黑河道尹按照當地慣例、暫准施行、以免正式承認之束縛、此事如荷贊同、或另有辦法、即請主持核辦、會銜逕電黑龍江省長、一面並希抄稿過部、以憑備案等因、查此事前准黑龍江省長代電、業經本部電復該省長查照在案、茲將電文抄送察閱、至來咨謂由部正式承認、恐以後外人有所藉口、擬令黑河道尹援照當地慣例暫准施行以免受正式之束縛、用意至爲深遠、本部自表贊同、相應函復貴部查照、希即逕電黑龍江省長轉飭遵照可也、附錄外交部復黑龍江省長之代電如次、支日代電悉、俄商在黑河通商、爲中俄陸路通商章程所特許、他國礙難援例、來電謂他國商人赴黑營業時有所聞、如果屬實、在先既未加禁阻、此次英商請准貿易、自難拒絕、該道尹擬准其寄寓中國商號懸牌銷售、惟不得視爲通商口岸、任意開設行棧、於通融之中、仍寓限制之意、尚屬可行、惟應聲明黑河並非商埠、外商既願在此發展、須服從中國警察法令及課稅、仍希酌核轉飭遵辦、外交部印、

十二年十二月十六日申報

我國於沿海一帶、設關徵稅、始於康熙年間、在江蘇、浙江、福建、廣東四省、新設四關、其課稅種類、分爲、規費、支銷、歸公、充餉等項、其後外人來至中國貿易、祇限於廣東附近地方、而徵稅大權、皆操之我國關吏、當時海關稅目、共分五種・如、輸入稅、輸出稅、附加稅、船料、贈遺等等皆是、道光二十二年、鴉片之役、中英締結江寧條約、開放廣州、廈門、福州、寧波、上海爲通商口岸、是爲五口通商、始有如現今海關之設、列國相繼置領事於各埠、管理外商、貨物輸出入稅、經領事徵收、轉納於中國政府、後因各該國領事、涉於袒護本國商民之嫌、中國政府、始與列國交涉、於咸豐元年、廢止此制、歸政府直接徵收、粵海、浙海、閩海、江海、各關、卒因當時風氣固蔽、官吏毫無經驗、收入短絀、弊害百出、英、法、美、三國、與中國貿易關係最深、乃藉口於阻礙通商之故、屢向政府交涉、促我改革、又値洪楊之亂、危及上海、（咸豐三年八月）知縣殉難、兵備道吳健彰以下各官吏皆逃入租界、徵稅機關、完全停止、當時於上海貿易、有關係密切之英法兩國領事、協商提議於秩序未恢復以前、領事須暫代中國官吏、向外商徵稅、美法兩領事均贊成之、於是三國領事各命令本國商人、用期票繳納關稅、當時外人即有一種宣傳、謂、外人收稅事宜、應由外人管理、吳健彰遂納此見、於咸豐四年六月、由駐滬英國領事阿爾廓、(A lcock)美國領事毛爾夫、(Murphy)法國領事岩丹、(Edan)等、與上海兵備道締結海關事務章程九條、由英、法、美、三國各出一人、組織關稅管理委員會、當時英國委員爲維德、(T. wade)法國爲斯密斯、(A. Smith)美國爲卡爾、(Loarr)此卽爲外人管理我國海關之權輿、

然以上三人、名爲協同管理、其實權未幾即歸於英國委員之手、因英國委員善操華語、而伎倆與熱心、均比法美兩國委員爲優也、數日以後、維德(Wade)回副領事原職、由英領事官萊以(H. N. Lay)接任、法、美、兩國委員、亦有變動、實權仍在英人掌握之中、迨咸豐八年、中英天津條約改正稅率、其附約通商章程第十款內、規定總稅務司一席、邀請英人幫辦、於是三國所組織之委員會、遂以

無形消滅矣、該欵原文稱、『通商各口收稅、如何嚴防偷漏、自應由中國設法辦理、條約業已載明、然現已議明各口畫一辦理、是由總理外國通商事宜大臣、隨時親詣巡歷、或委員代辦、任憑總理大臣邀請英人幫辦稅務、並嚴察漏稅、判定口界、派人指泊船隻、及分設浮樁、號船、塔表、望樓等事、毋庸英官指薦干預。』此欵卽爲聘任英人爲總稅務司之根據、第一任總稅務司卽擢英人萊以任之、咸豐十一年、萊以因病請假歸國、乃以該國赫德(Robert Hart)繼之、甲午以還、各國競借均勢、英國公使Macdonald因俄、法、兩國欲爲本國人取得總稅務司之要職、乃爲先發制人、於光緒二十四年、使總理衙門約定『英國在華貿易超過各國所擔稅額占十之八、此後總稅務司一職、應行繼續聘用英人』、當時總理衙門、亦特聲明、『如英國將來對華貿易、不能佔居第一位時、中國之總稅務司、當然不限定必用英人』云云、而同年第二次英德借欵原約第六條、第二項內、則又訂明、『在此項借欵未經淸償以前、中國政府不得變更海關行政之組織』、於是海關管理之權、遂歸英人獨覇矣、光緒三十四年、赫德病歸、由該國布雷頓代之、宣統三年、赫德病歿、又以該國安格聯充之、安現尙爲斯職、此關稅管理權喪失之大略情形也、

夫關稅爲我國之一種主權、海關爲我國之一種行政機關、管理關稅爲我國內部行政之事、卽謂中國昔時無此等人才、聘請英人管理、亦不過「僱傭」性質、安能長此覇持、更何能以條約訂定之乎、此可見以强凌弱、完全出於强迫式之掠奪、實侵犯我國主權之最甚者也、乃英人不顧斯義、大權在握、喧賓奪主、爲所欲爲、置我國政令於不顧、視稅務監如贅職、海關上重要辦事人員、全用外人、對於華人置居等閒、或苦傭之地位、且待遇上、華洋人歧視、尤爲不公平之甚、是反以此機關爲洋人之機關、而華人則立於僱傭之性質也、其侵犯我國主權、藐視華人人格、孰有過於此乎、此誠使吾人嘆憾不止者也、

稅務司四十三人中、副稅務司三十人中、除民國五年時、曾有一華人任副稅務司外、今則並此而無之、豈中國人無此種人才耶、抑中國人不應有稅務司副稅務司之職也、不然、海關設立以來、迄今已有六十餘年、中國人何其如此愚鈍、竟一稅務司副稅務司而不能造就耶、此誠使吾人大大不解者也、或曰、英人管理海關、抑華人、優洋人、無非欲以保持其海關上優越之地位、斯言也、其然豈其然乎、而以海關員中、英人獨占多數一節証之、是又不無可信也、茲將十四年海關任用洋員分別國籍立表視之、即可測其用意之所在矣、

十四年海關任用洋員國籍表

國籍	總稅務司	稅務司	副稅務司	幫辦
英國	一	二七	一八	六一
德國				
日本		二	五	三二
俄國				一四
美國		一	一	一四
法國		七		一〇
意國		一	一	七
其他各國		五	五	一九
合計	一	四三	三〇	一五七

觀上表、可知英籍人既衆、而所佔又皆重要之職司、除總稅務司已成禁臠外、稅務司四十三人中、英佔二十七、副稅務司三十人中、英佔十八、幫辦一百五十七人中、英又佔六十一席、如此强橫把持、實感令人憤慨、無怪乎日、意、法、比等國、在華府會議中、紛紛提出要求欲增加多用其本國人 關員也、

夫管理海關、爲中國之行政權、應由中國人自行管理、此理甚淺、無庸待述、即就目前制度、以外人管理而論、但現已發生弊端甚多、如對於洋商予以種種之便利、對於華商則勒苛無所不至、又如對於稅務監督權限之侵犯、華商關員待遇之不公、此係顯然違職瀆職行爲、亦應解職、由中國收回、自行管理、固不能以條約上有聘請英人幫辦稅務一語、即可爲所欲爲也、

雖然、海關管理權、固應即時收回、而限於人才方面、目前僱用洋員、亦有不能不遷就者、蓋國人對於海關重要職務、悉未掌職、一切事務、尚無經驗、一旦全體改用華員、於事務上

、諸多妨碍、且予外人亦有難堪者、故爲雙方調劑計、鄙意在關稅未自主以前、總稅務司一席、暫仍其舊、俟關稅實行自主乃改歸華人充任、唯現時海關上洋員薪俸及一切待遇須一律削減與華員同等享受、並須服從中國之法令、至以後洋員有辭退者、一律由華人遞補、洋員不得充任、並將稅務司與海關督權限實行分開、如此、一方可顧及國際間之友誼、一方又可逐漸收回海關管理權也、

五　復進口半稅之宜廢除也

復進口半稅者、乃對於土貨由本國此通商口岸、而轉運本國彼通商口岸所徵之稅也、其稅率爲進口正稅之半、故名復進口半稅、此制始於咸豐十一年、其長江通商收稅章程第十二欵有云、

『洋商由上海運土貨進長江、該貨應在上海交本地出口之正稅、並先完長江復進口之半稅、俟到長江各口後、一經離口販運、無論洋商華商、均逢關納稅、過卡抽厘』

又第三欵內云、

『洋商由上海運到別口所來之土貨、已在別口交過正口稅、並在上海交過復進口稅、如再出口往長江、毋庸在上海納稅、並長江復進口之稅、俟到長江各口後、一經離口販運、無論洋商華商、均逢關納稅、過卡抽釐』、

此章程是爲復進口半稅之所由始、翌年改正辦法、除長江不計外、其餘各口均應一體於所進之口呈交、不於所出之口預納、後粵鄂平定、長江一帶、亦照沿岸辦理、一體於所進之口呈交、此爲國定時代、其次年(同治二年)與丹麥締結中丹條約其第四十四欵有云、

『丹國商民、議定沿海通商各口、載運土貨、則準出口、先納正稅、復進他口、再納半稅後、欲復運他口、以一年爲期、准向該關取給半稅存票、不復更納正稅、嗣到改運之口、再行照納半稅』、

於是復進口稅亦成爲協定之稅制矣、唯征稅辦法、以徵收之機關各異、遇有從價貨物、而各市價高低又不同、故深感不便、乃於光緒元年、議定辦法、『無論從價從量貨物、一律按照原出口完納之憑據所開正稅數目、再取一半以爲復口半稅、毋庸另行核估、免稅品則從價百分之二有半』、是稅制與稅率、均受協定、而出口之免稅品則亦歐之矣、

夫此稅之徵收、原以調濟常關之稅收、因土貨通過常關有稅、若復進海關而不課稅、則向來通過常關者、必有所趨避、有所趨避、則負擔失其均衡、故不如課之以濟其平也、殊不知此種稅制、在收入上、固不失爲一種稅源、然在商業政策上、實爲一種惡稅、妨礙本國土貨之發達者也、蓋外貨入口、已納進口正稅、如改運各口、即通行無阻、而土貨之改運各口者、則納出口正稅外、尙須加徵半稅、是中國人待遇中國貨曾外貨不如也、貨物進口、猶有免稅品之規定、而復進口半稅、則不得免之、是中國人之待遇中國貨曾外人不如也、且我國出口貨物、十九爲原料品、若輸出外國、則托庇彼邦之惠工政策、尙得輕減其稅、而輸出本國各口、則此半稅亦無可幸免、是中國人之待遇中國貨曾外人不如也、由是觀之、復進口半稅之設用、以調濟常關稅收則得矣、其如中外之間負擔之不平均何、

近者、北京財政委員會、會議決以此稅收入無多、且有害於商業、應即廢除、其所持之理由有五、茲摘其要點如下、(一)抽收復進口半稅、土貨不能與洋貨得其均衡也、(二)民船裝載之土貨、不能與輪船裝載之土貨得其均衡也、(三)復進口半稅、亦通過稅之一種、應一律刪除也、(四)復進口半稅、徒利洋商、而政府不能得相當之收入也、(五)同一稅口辦法、未便兩歧也、吾人觀上列五項理由、可知復進口半稅有百害而無一利、甚望政府在關稅特別會議中、提出聲明廢除者也、（未完）

六　子口稅之宜改革也

子口稅者、外人以我國內地厘卡林立、苛征暴斂、洋商不堪其擾、乃與我國訂約、在洋貨進口之時、預納子口稅、以抵代內地一切之厘金、故又曰抵代稅、又以其稅率爲進口正稅之半、亦名爲子口半稅、又洋商置買土貨出口、亦享有子口稅之利益、而華商販運土貨、則逢關納稅、遇卡納厘、此實最不公平者也、其獎勵外貨、壓制土貨、莫此爲甚、考此制之產生、亦始於江寧條約、其第十款有云、『今又議定英國貨物自在某港照例納稅後、即准由中國商人遍運天下、而路所經過稅關不得加重稅例、只可照估價則例若干、每兩加稅不過某分』、是卽爲內地稅受協定之始、然未訂明稅率也、及至咸豐八年、中英會訂天津條約、將內地子口稅稅率加以確定、其第二十八款內有載、『前據江寧定約第十條內載各貨納稅後、卽准由中國商遍運天下、而路所經過稅關、不得加重稅則、只可按估價則例若干、每兩加稅不過某分等語在案、迄今子口課稅實爲若干、未得確數、英商每稱貨物或自某內地赴某口、或自某口進某內地不等、各子口恆設新章、任其徵稅、名爲抽課、實於貿易有損、規定立約之後、或在現通商各口、或在日後新開口岸、限四個月爲期、各領事官備文移各關監督、務以路所經處、應納稅銀實數、明晰照復、彼此出示曉布漢英商民、均得通悉、惟有英商已在內地買貨、欲運赴口下載或在口有洋貨欲運售內地、倘願一次納稅、免各子口徵收紛繁、則准照行此一次之課、其內地貨則在路上首經之子口輸交、洋貨則在海口完納給票、爲他子口毫不另徵之據、所徵若干、總算貨價爲率、每百兩征銀二兩五錢、俟在上海彼此派員商酌重修稅則時、亦可將各貨分別種式、應納之數議定、此僅免各子口零星抽課之法、海口關稅、仍照例完納、兩例並無窒礙、』

上約卽爲子口稅設立之由始、同年締結中英通商章程條約、其第七條內、將征收手續、又加詳密之規定、該條原文云『天津條約第二十八條所載、內地稅餉之議、現定出入稅則、總以照一半爲斷、唯第二款所載免稅各貨物、除金銀、外國銀錢、行李三項、並無庸議外、其餘海口免稅各物、若進內地、仍照值百兩完稅銀二兩五錢、此外運入內地各貨、該商應將該貨名目若干、原裝何船、應往內地何處、各原由報關、查驗確實、照納內地稅項、該關發給內地稅單、該商應向沿途各子口呈單照驗、蓋戳放行、無論遠近、均不重征、至運貨出口之例、凡英商在內地置貨、到第一子口驗貨、由送貨之人、開單註明貨物若干、應在何口卸貨、呈交該子口存留發給執照、准其前往、路上各子口查驗蓋戳、至最後子口、先赴出口海關報完內地稅項、方許過卡、俟下船出口時、再完出口稅、若進出有違此例、及業經報名指赴何口、沿途私賣者、各貨均罰入官、倘有匿單少報等情、收單內同類之貨、全數入官、所運各貨、如無內地納稅實據、應由海關完清內地關稅、始行發單出口、以杜隱漏、此次議定、既准一次納稅、概不重征、則前約第二十八款所載經過處所應納稅銀實數、明晰照復、彼此出示曉諭商民、均得通悉一節、可毋庸議』、

上項各約、對於子口稅單之請領、尚限於洋商、華商不得享領也、迨至光緒二年中英煙台條約第三端之四、規定華商亦得援照辦法、其原文稱、

『洋貨運入內地、請領半稅單照、各國條約內、原已訂明、自當遵辦、嗣後各關發給單照、應由總理衙門核定畫一款式、不分華洋商人、均可請領、並無參差、洋商購土貨由內地運往口岸上船、條約內亦有定章、英商完納子口半稅、請領單照、既可往海口、若非英商自置土貨、該貨若非實在運往海關出口、不得援照辦理、所有應定章程、免致滋生弊端之處、威大臣既願會同總理衙門設法商辦、至通商善後章程第七款載明、洋貨運入內地、置買土貨等語、係指沿海、沿江、沿河、及陸路各處、不通商口岸皆屬內地、應由中國自行設法防弊。』

自此以後洋貨一進口無論其貨在洋商之手抑在華商之手、祇須單貨相符、其貨尚未到目的地以前、始終不受厘金之影響焉、

總觀以上各約、子口稅單之適用、為（一）洋貨進口以後、其貨無論在華洋商人手中運售、皆可免內地一切之釐稅、（二）洋商在內地購買土貨、限於運往海關出口者、亦可免內地一切之厘金（此辦法即洋商呈准領事官咨請海關發給三聯單、——按現在已改為四聯單、因俗通稱

三聯單、故沿用之、（一）即可自往內地採辦土貨、由第一子口驗明單貨相符、倒換運照、限一年內、至最後子口、持照赴海關報完子口半稅、領有收據、即准過卡）然至光緒二十一年、中日馬關條約規定洋商在內地購買土貨不出口者、亦得享受子口稅之利益、該約第六條第四項規定有云、

「日本臣民、在中國製造一切貨物、其於內地運送稅、內地稅、鈔課雜派、以及在中國內地沾及寄存棧房之益、即照日本臣民運入中國之貨物、一體辦理、至應享優例豁除、亦莫不相同、」

是洋商購買土貨即不出洋、而運往通商各口、供洋商廠家製造者、亦得沾及子口稅之利益、按值百抽稅二、五後、不再重徵矣、然爲華商廠家或一般用戶所直接消費之土貨、除機製仿造洋貨、例許呈請政府、援案完稅、即完值百抽五之出口正稅一道、豁免沿途一切稅釐、並子口稅而無之之外、如原料品及一切非機製之半製品、精製品等土貨、則不能享受子口稅之利益、均須逢關納稅、遇卡抽厘、備受厘金之紛擾焉、

由是以言、子口稅乃一種保護洋商、洋貨、排斥華商華貨之稅制、其悖於國家經濟商業政策、彰彰明甚、夫常稅厘稅、乃屬於內地稅者也、一國對於內地稅之徵收自有自主之權、今協定以子口稅抵代內地稅、是無異侵犯我國之主權、此不當者一、洋商運土貨出口或通商口岸、得享有子口稅之利益、而華商則無之、是反優洋商而抑華商矣、此不當者二、洋貨運入內地完納子口稅後、即可免除一切釐金、而土貨除特例外、均須逢關納稅、遇卡抽厘、是反保護洋貨而排斥國貨矣、此不當者三、故子口稅之設、實不啻直接爲洋貨加層保護、間接妨礙國貨之發達、於本國經濟實業有百害而無一利、若欲以言根本救濟之道、則非裁撤不可也、

於茲唯有研究者、子口稅爲抵代內地釐金之稅、欲子口稅裁撤、則釐金亦非裁撤不可、此不但事實如此、而以後如中英馬凱條約、中美中日各條約、皆有規定者、然欲釐金裁撤、則於各省稅源上受一極大之影響、[illegible]能加稅裁

釐、固一最佳之辦法、否則不能不作進一步之救濟、救濟之道維何、即唯有許一切土貨悉准援照子口稅法辦理而已、如此、則華商洋商華貨洋貨享有同等之待遇、不致有畸輕畸重之弊、而國貨足與洋貨競爭者、則照機製仿造洋貨例許呈請政府核案、完納值百抽五之出口正稅一道、並內子口稅亦免除之、俾國貨得稍稍有發展之機會、此亦未始非無辦法中之一種辦法、一俟關稅自主或加稅後、再將子口稅一律裁撤、此問題關係於我國實業前途甚大、此不能不望政府從速進行改善者也、（未完）

七　洋商就地設廠之宜限制也

外人在內地設立工廠、始於光緒二十一年、中日締結之馬關條約、該約第六條第四項有規定云、

「日本臣民得在中國通商口岸、城邑、任便從事各項工藝製造」、

同約又云、

「日本臣民在中國製造一切貨物、其於內地運送稅、內地稅、鈔課雜派、以及在中國內地及沾寄存棧房之益、即照日本臣民運入中國之貨物、一體辦理、至應享優例豁除、亦莫不相同」

此則爲外人在內地設立工廠之根據、於是外貨除輸來品外、又加一種就地製造之本廠品、我國自又多加一勁敵矣、且此種工廠、所征稅率、亦要協定、是我國即欲加稅以限制其設立、亦有所不能矣、此種條約、於我國國貨發達上、蒙如此之大不利、孰知光緒二十二年、中日通商條約附屬公立文憑第三款規定、更將中國設立之工廠、亦受其協定同一之稅率、該款原文稱、

「日本政府、允中國政府任便酌量課機器製造貨物稅餉、但其稅餉、不得比中國人民所納加多、或有殊異」

從此中國欲提高洋廠之出廠稅率、固爲前約所不許、即欲減輕華廠之出廠稅率、亦有所不能矣、夫以外人資本之雄厚、經驗之豐富、技術之優良、加以中國人工之低賤、原料之豐富、又可免除運輸、保險等費用、以我國工業之幼稚、安能與之相頡頏、其必失敗也無疑、是外洋廠在內地永久設立、國貨即永無發達之望矣、利權外溢、勢必陷於亡國之境、乃前清當局者不察、於光緒二十八年、馬凱條約更加束縛之規定、該約第八款第九節載云、

「凡洋商在中國通商口岸、或華商在中國各處、用機器紡成之棉紗、及製成之棉布、須完出廠稅、其稅倍於光緒二十七年議和條約所載之進口正稅、唯各該機器廠所用之棉花、若係外洋運來者、應將已完進口正稅全數及進口加稅三分之二發還、所用者若係土產棉花、須將已征之各稅及銷場稅、全數一併發還、凡以上所指華洋各商、在中國用機器紡織之紗布餉

完出廠稅後、所有出口正稅、出口加稅、復進半口稅、以及銷場稅、概行豁免、此項出廠稅、須由海關徵收、凡別項貨物、與洋貨相同者、若洋商在通商口岸、或華商在中國各處用機器造成者、亦按照以上章程辦理、

照此規定、出廠稅雖增加值百抽十、而所用原料、或完全免稅、或值百祇抽二五、華洋商雖一律待遇、而以我國工業之幼稚、無異獎勵洋商、在華就地製造、以壓迫吾國自製之國貨也、此種條約驟視之、頗爲平等、殊不知我國工業由埋葬於此平等之中、永無振興之機矣、蓋其實力不相等、弱者必受強者無形之壓迫也、如有二十歲同樣之少年、使用同樣之器械以格鬥、但一爲病者、一爲健者、其結果病者必爲健者所敗、因其實力不相等、假同樣之器械又奚爲、故該約一旦實行、外商勢必紛紛至我國增設工廠、屆時一國經濟生命、全操於外人之手、吾人唯有坐以待斃而已、以現時之制度、我國工廠已難有振興之望、如紗廠、鐵工廠、糖廠、麵粉廠、國人雖再三振作、猶不克支持、試思前途尙堪設想乎、故限制洋商就地設廠、實爲刻不容緩之圖、然欲一律令其停閉、亦勢之所難能、惟以後添設者、須得我國政府之核准、及遵照我國之法令、固不能以有領事裁判權、而即任意增設爲所欲爲也、對於本國廠製造之貨物、則給補助金、或獎金、無論如何、不能與洋廠貨受同等之待遇、玆爲明晰起見、再申述鄙見如左、

(一)洋廠以後添設、須經我國政府之核准、已設立者期滿後非經我政府之核准、不得續辦、

(二)出廠稅一律提高爲百分之十五、

(三)本國工廠得酌給獎勵金或補助金、其獎勵補助辦法、即免納出廠稅、或征收之稅而發還之、其免納發還多寡、以視工廠之種類而定、如此則華廠庶有稍稍振作之機會、俟不平等條約取消後、再謀另改辦法也

（未完）

八　陸路關稅之宜廢除也

考陸路關稅之所以有減稅免稅之特典、無非以邊塞貿易、輸送困難、且貿易額少、藉此以振興兩國之商務、今者交通便利、鐵路四達、邊塞貿易之進步、遠非昔比、是又豈能長此減稅免稅哉、查陸路免稅減稅之約、始自俄國、其後英、法、日、援例繼之、俄國與我國開始陸路通商、斷自前清康熙二十八年尼布楚條約、雍正五年恰克圖商約、繼之咸豐元年、締結伊犁塔爾巴哈台通商章程、許其在二地通商、八年訂璦琿條約、復開黑龍江、松花江、烏蘇里河之水路通商、十年又結北京條約、許其在滿洲國境通商、並開庫倫、張家口、喀什噶爾、三處通商、置領事於庫倫、以上各地貿易、皆屬無稅、其徵收稅率也、始於同治元年之通商章程、此後雖有所修訂、要皆由此胚胎而出、洎光緒七年、收回伊犁事件、重訂陸路通商章程十七條、該約雖訂有十年修改之明文、但迄未修正、猶爲現行條約也、該約規定、

(甲)不納稅地方　兩國邊境百里之內、

(乙)暫不納稅地方　(一)伊犁、塔爾巴哈台、喀介噶爾、烏魯木齊、等處、(二)關外天山南北兩路各城、

(丙)納稅地方　(一)洋貨進口稅、俄商運貨至天津者、應納進口稅銀、照稅則所載正稅三分減一交納、其由俄國運貨至肅州者、應照天津一律辦理、如運至天津之貨、再由海道往通商各口、應補交原免三分之一稅銀、如運往內地時、再納子口半稅、(照正稅之半而不減三分之一)

(二)土貨出口稅　俄商在天津、通州販買土貨、由陸路回國、應照稅則完納出口正稅、其在張家口販買土貨出口回國、應在該口納一子口半稅、如由內地販賣土貨運往通州、張家口回國者、照各國在內地販買土貨成例、應交一子口半稅、

光緒二十三年、中俄議定滿綏兩站稅關試辦章程、貨物由東清鐵路經過兩處稅關者、應按照普通關稅三分之二交納進口出口關稅、是鐵路運輸、亦減稅矣、民國三年、雖經將從前沿邊百里免稅一條取消、然祗在濱江關區域之內、其餘各處、尚未設法收稅、此卽中俄陸路

免稅減稅之大概情形也、

至中日陸路方面、日本自併韓以後、始與我國接境、民國二年、規定鐵路運載通過滿洲、朝鮮境界之貨物、照海關進口稅率三分減一、惟出滿洲而運至他處時、應補納三分之一稅鈔、

至中法陸路方面、我國滇桂等省、與法屬越南毗連、依光緒十一年中法新約及十二年續結通商章程、凡進口之貨、經雲南、廣西邊關時、按照通商稅則減五分之一收納進口正稅、其稅率表未載之貨物、概照值百抽五徵收、至十三年續訂商務專條十款、改定進口貨物、照通商稅則減十分之三、出口貨物均照通商稅則減十分之四、此項稅率、沿至今日尚未變動、

至中英陸路方面、則有兩處(一)爲藏印方面、依光緒十九年中英所訂藏印續約、亞東關爲商埠、以自闢埠之日起、五年間免徵進出口稅、至三十四年中英修訂藏印通商章程、又闢江孜噶大克爲商埠、即援十九年所訂之約、亦免稅五年、但迄今已逾二十餘年矣猶未徵稅也、(二)滇緬方面、照光緒二十年中英續議滇緬條約、闢騰越、思茅爲商埠、凡自緬甸輸入之貨物、照海關稅率減十分之三、徵進口正稅、自雲南輸出之貨物、照海關稅率減十分之四、徵出口正稅、以上中俄、中日、中法、中英、所締結減稅免稅條約、迄今均達二三十載、未有變更、中俄方面於去年締結中俄協定、雖規定祛除陸路減稅免稅制度以平等互惠爲原則、但迄今尚未開始交涉、夫陸路減稅免稅之理由、至今已無存在之餘地、華盛頓會議、我國代表顧維鈞、曾在關稅分股委員會第四次會議中有說明曰、

「……其一、在當初陸路通商、准予減稅時、原有情形、今已不存在、蓋從前中俄通商、向以駝隊運輸、今則除緬甸邊界外、其餘各處邊境、均有鐵路相通、而鐵路運輸、實較海道運輸費用爲廉、其二、此項減稅制度、使中國國庫每年短收二百萬元之譜、其三、維持此項制度、實與開放門戶之原則顯然抵觸、因實際上邊界不相毗連、各國不能享有此項特殊利益、是維持此項減稅制度、實使陸地通商與海路通商發生區別、」

華盛頓會議討論結果、承認此項制度取消、與海道完全劃一、其所訂九國間關於中國關稅稅則之條約、第六條有規定曰『中國海陸各邊界、劃一征收關稅之原則、卽予以承認、第二條所載之特別會議、應商定辦法、俾該原則得以實行、……同時凡一切海關稅率、因修改稅則而增加者、與夫各項附加稅、嗣後因本約而徵收者、在中國海陸邊界、均應按值課以劃一稅率』是陸路減稅特典、各國已承認一律取消之矣、並訂在關稅特別會議中、商定實行辦法、然則際此關稅會議開會中、吾人又烏可不促其從速議決實行乎、

九　關款存放之宜收回自管也

我國關款存放權之旁落、始於光復之辛亥年、其來由實以關稅供外債賠款之擔保、咸豐八年及十年之英法賠款、卽首開指抵之端也、至同治四年償清而六年締結甘肅軍事借款、仍指該款爲擔保、甲午一役、俄法英德各款、先後成立、庚子賠款、爲數愈鉅、爲期亦愈長、關稅以外並及於五十里以內之常關稅、唯海關稅款、猶完全爲我國所支配、各海關收入、摥數解交上海關道、卽各海關所需行政經費、亦依一定額數向關道具領、江海關職司撥解洋債賠款、故其保管之款、爲數獨鉅、平時分存上海各官銀號及錢莊、聽候撥解、而以大宗官款流通在外之故、市面金融上亦頗受其調劑、前清末葉、因橡皮股票發生風潮、有數大錢莊、先後倒閉、金融界大起恐慌、賴道庫發出現款三百萬兩、流通市面、始復歸於平靜、但光復以後、各省政治、頓陷於紊亂之狀態、其於向來認解之京協償借各款、或恝置不顧、或解不以時、以致賠借各款、頗有蒂欠、各洋銀行、乘此時機、卽在滬組織委員會、以清理積欠爲名、爲直接處分押品之計、該委員會成立後、卽草擬辦法八條、送呈北京外交團、由該團之領銜駐使、轉交政府、勒令照行、茲錄該會所擬之草案如下、

(一)此項委員會、須由關於庚子以前、以關稅作抵尙未付淸時、有債權之銀行、與關於和約賠款之各國銀行之總董組織成立、該委員會決定各洋債內何款應行儘先付還、並編列一先後次序單、以便滬關稅司、遵照辦理、

(二)關係尤重之各銀行、及匯豐、德華、道勝三家、應作爲上海存管海關稅項之處、

(三)應請稅務司承認充歸海關所有淨稅項、開單交所派之委員會、屆中國政府復能償還債賠款之時爲止、

(四)應請總稅務司籌備各收稅處所、將淨存稅項、每星期匯交上海一次之辦法、

(五)應請總稅務司、將上海所積淨存稅項竭力籌辦、於每星期均分、收存匯豐、德華、道勝三行、以作歸還該項洋債及該款之用、上海稅司、應由此項存款內、按照第一條委員會決定之先後、准其屆時提撥付還、

(六)倘至一千九百十四年底、情形尙未平復、屆時必須算淸、下餘若干、可否作付還賠款

之用、此項清單須交外團酌核、如何分撥、

（七）該委員會應於每三個月、將所收關稅、如何撥付之處、由駐滬各國領事報告駐京各國大臣、

（八）此次辦法、如有應行更改之處、得隨時增損之、

該案係於一九一二年即民國元年一月、向我正式提出、祇將第六條之一千九百十四年、改爲一千九百十二年、又第八條改爲『此項辦法、如有應行更改之時、得以斟酌損益、今各國大臣囑本領銜大臣、請爲按照以上辦法、轉知總稅務司、飭行駐京稅務司、遵照辦理』云云、其餘各條、一字不易、自此以後、吾國之全部海關稅欵、及五十里內常關稅欵、乃完全移交洋銀行、聽總稅務司自由處分、雖有餘裕、吾中央之主管機關、亦無從酌撥動支矣、

（未完）

至外銀行存放關款及支配用途辦法、係將關稅收入、除各關本身經費、及其他經稅務司特准撥用之款項外、全部收入、由各稅司逕解與匯豐銀行、記入總稅務司名下存儲、復分爲兩大部分、每月按九、十六、二十三、晦日、四期結交、其中三分之二、以同額數目、分存匯豐、道勝兩行、爲四種債款之用、四種債款伊何、即一八九五年之俄法洋款、一八九六年之英德洋款、一八九八年之續借英德洋款、及當關稅收不足時、由海關彌補庚子賠款之差額是也、其三分之一、向存德華銀行、緣德、奧兩國、所得賠款、向由該行經理、大戰開始後、乃移歸匯豐專賬存儲、指撥特別用款、如善後借款、及撥交關餘等、其五十里內常關稅款、亦由各稅司逕解匯豐、存入總稅務司常關存款帳下、而以定率分作八份、每月亦按九、十六、二十三、晦日、作兩部分配、其一部以債權國國籍之關係、分存匯豐、道勝、花旗、華比、荷蘭、匯理、正金等七行、其一部向存德華、戰後亦劃歸匯豐矣、

總之、我國關款一萬萬元之收入、一任外國銀行之支配、我國銀行絲毫不得存儲之利益、上海中國銀行、雖係收稅款、但不過處於代理之地位而已、非以國庫資格收支之也、此種鉅大關款、流入外國銀行、其不利於我國有如下列各點、

(一)此種鉅大關款存入外國銀行、我國市面即缺乏此鉅大籌碼之運用、

(二)籌碼運用、現感缺乏、則助長生產事業之能力自然減少、

(三)我國金融界因失此鉅大關款存儲、銀行事業即因之頗難勃興、

(四)關款存入外國銀行、金融緊迫時、不能收調劑之效、

(五)關款存入外國銀行、助長外國銀行之勢方、間接壓迫本國銀行之發達、

(六)關款存入外國銀行、我國財政上缺乏運用之效、

關款存入外國銀行、其不利於我國財政、經濟、金融、既如上述、然則我國自應收回之也、況辛亥年所訂之八條辦法、其第三條末謂『……屆中國政府能償還洋債賠款之時爲止』、今中國對於所償各賠債、向未愆期、是中國已有償還洋債賠款之能力、則關款存放、自可收回、又該辦法第八條謂『如有應行更改之時、則以斟

酌損益』、現時中國情形、較前大有增進、較於庚子時大不相同、是所謂應行更改之時者、此亦其時矣、是關欵存放、亦應收回也、且我國銀行信用漸著、已有保管關欵之能力、何能長此假手於外人乎、此在事實上、理論上、卽依條約而論、關欵存放均應收回也、至收回之後、由本國何銀行存放、亦有問題、就目前而論、尙不如另設保管庫爲佳、至外人方面、在洋賠債未淸償以前、亦不妨設法使彼等參預有監督之機會、以示吾人完全爲爭回主權、對於正當之債權人、固不願有絲毫之剝奪也、

十　進口稅率之宜增加也

我國進口稅與出口稅、受同一之協定、自道光二十二年訂定南京條約以來、迄至今日、稅率均爲值百抽五、而在事實上、以標準年度之不符、修改年限之延長、貨物分量之粗疏、從量估價之損失、遠不及值百抽五之稅收、歷年來所受之損失、殆以萬萬計、以言保護政策、更秒不相關矣、光緒二十八年、中英馬凱條約更協兵裁厘後、僅加稅至值百抽一二、五、一似我國進口稅最高之稅率、卽止於此矣、其第八欵有云、

『中國認悉在出產處、於轉運時、及在運到處、紛紛征收貨厘、以及別項貨捐、難免阻碍貨物、不能流通、勢必傷害貿易之利、是以允願除第八節所載之銷場稅外、盡裁此項籌餉之法、英國允許英商運進之洋貨、及運出之土貨、除照當時稅則應納正稅外、加完一稅以爲補償、

中英兩國、彼此訂明所有厘卡、及征抽行貨他捐各關卡局所裁撤後、不得改名或藉詞、將此項關卡、復行設立、進口洋貨所加抽之稅、不得過於中國與各國光緒二十七年七月二十五日、卽西歷一千九百零一年九月七號、簽押之和議條約所定之進口正稅一倍半之數、此項進口正稅、及添加之稅、一經完淸、其洋貨無論在華人之手、或在洋商之手、亦無論原件或分裝、均得全免重征各項稅捐以及查驗、或留難情事、至出口土貨所納稅之總數、不得逾値百抽七、五之數、』

（未完）

外史

自本拔後至悅二十枚

本年一八九七年三月

田稅

「十四年初為賦」

史記秦本紀孝公 集解徐廣曰制貢

賦之法也 索隱譙周云初為軍賦也

勉案制貢賦之說非 此年蓋始為軍賦

之證 案十二年 一為田開阡陌 此則田制

所以為賦 此隨之變與——徐氏之說邪

全國商約研究會

全國商約研究會、為關稅研究會副會長張維鏞、邀集各省商會商聯會所派來京出席關稅研究會代表、及全國商會聯合會駐京評議員所組織、本月一號下午二時、在石駙馬大街全國商會聯合會會所、開成立大會、到者各省商會代表全體及各省商會駐京評議員、共三十餘人、公推張維鏞為臨時主席、首由主席報告開會宗旨、略謂商人與關稅有密切之關係、對於商約研究、不可不有一永久機關、以便對內對外、交涉一切、衆俱贊成、主席遂提會章十二條、請衆逐條討論、略有修正、即全體通過、茲將章程錄下、（第一條）本會以研究關稅條約、暨國內貨稅、祛商業障碍、謀國計革新、達到關稅自由目的為宗旨、（第二條）本會定名為中華全國商約研究會、（第三條）本會由關稅研究會各省區商會代表、及全國商會聯合會駐京評議員組織之、（第四條）本會設於北京、（暫設全國商會聯合會內）各省區各埠各縣鎮、應設分會、其章程應俟全國商會聯合會、第四次大會時修訂之、（第五條）本會設會長一人、副會長二人、暫由發起人推任之、（第六條）發起人均為本會幹事、（第七條）本會經費、暫由全國商會聯合會擔負、（第八條）具有關稅專門學識及經驗宏富者、得聘為本會名譽會長、或名譽顧問、（第九條）本會討論事件、以出席會員之過半數表決之、（第十條）本會討論各種問題、得簡請各界各業、與此問題有關係者、列席討論、（第十一條）本會開會日期、由會長決定、如有幹事二人以上之提議時、會長應即通知召集、（第十二條）本簡章如有未盡事宜、得由幹事三分一以上提議、經大會議決修正之、次由主席提議推選會長、或由票選、或由公推、請衆決定、僉贊成公推、遂推定張維鏞為正會長、丑文典王觀彤二人為副會長、主席復提議、謂照章程、可推名譽會長、名譽顧問、擬推關稅研究會正會長李其銘副會長王沂昌二人、為本會名譽會長、關稅研究會各部處代表、一律推為本會名譽顧問、詢衆有無意見、僉謂無意見、一致贊成、主席遂宣告本會今日完全成立、

◎召集關稅會議照會之全文

關稅會議請柬、自閣議通過之後、即於十八日下午五時、由外部將該項照會、送致英美法日義荷比葡八國駐京公使、按照華會條約規定、於本年十月二十六日在北京開會、請各國政府參與、原文照錄於下、爲照會事本總長茲將本國政府、邀請參與中國關稅特別會議之通牒、照送貴公使查照、即希轉達貴國政府爲荷、按照一九二二年二月六日、美利堅國比利時國大不列顛帝國、中華民國法蘭西國義大利國日本國和蘭國葡萄牙國、在華盛頓所簽訂關於中國關稅稅則條約第二條關稅特別會議、應於該條約實行後三個月內、由中國政府指定日期地點、在中國開會、俾得繼續並完成華盛頓會議關於中國關稅問題之事業、關於該項條約、中國政府有須再行聲明者、一九二二年一月五日、太平洋與遠東問題委員會開第十七次會議時、中國委員對於關稅稅則條約、曾予承認、然會宣言并無放棄關稅自主之意、將來一遇適當時機、仍欲將此問題重行討論、根本上項宣言、中國政府茲特提議將此項問題、提出於行將開幕之會議、並希望能有一種之決定、以袪除其稅則上之束縛也、查該約按照其第十條之規定、於一九二五年八月五日、即該約批准文件全部交到華盛頓之日期、發生效力、因是中國政府根據上開該約第二條、謹聲明關稅特別會議、擬定於一九二五年十月二十六日在北京開會、特此邀請貴國政府與會爲荷、本總長深望貴公使將此項邀請與會通牒、從速轉達、並請將貴國政府代表銜名開示本部一面已訓令中國駐外使館通知貴國政府矣、須知照會者、中華民國十四年八月十八日、

△列國派定關會代表之經過　列國參加關會覆文、至本月四日、已全部送達外部、除日本派日置益爲首席代表外、餘者各國均任駐京公使爲代表、按日置益原爲前對我國提二十一條之駐華公使、

●北京關稅特別會議委員會電　各報館、關稅會議、本日十鐘開成立會、與會十二國代表、如期咸集、執政致頌詞後、中國政府正式提出實行關稅自主辦法五條、其文如下、（一）與議各國向中國政府正式聲明尊重關稅自主、並承認解除現行條約、（二）中國政府允將裁廢釐金與國定關稅定率條例、同時實行、但至遲不過民國十八年一月一日、（三）在未實行國定關稅定率條例以前、中國海關稅則、照現行之值百抽五外、普通品加徵值百抽五之臨時附加稅、甲種奢侈品、即烟酒、加徵值百抽三十之臨時附加稅、乙種奢侈品、加徵值百抽二十之臨時附加稅、（四）前項臨時附加稅、應自條約簽字之日起、三個月後即行開始徵收、（五）關於前四項問題、應於條約簽字之日起、立即發生效力、各國代表相繼答詞、一致願以友誼之精神、誠意贊助、討論中國之提案、盼望會議前途、能得圓滿結果、十二時禮成散會、　知念特達、關稅特別會議委員會宥、

●北京關議委員會電　各報館鑒、關稅會議會務委員會、本日開會、由王代表正廷會同各代表團之首席代表列席、議決組織四委員會、第一委員會、處理關稅自主問題、第二委員會、處理關稅自主以前時期內應用之過渡辦法、第三委員會處理其他有關事件、第四委員會爲起草委員會、並經決定立即進行辦理事務、　知注持達、並請宣布、關稅特別會議委員會感印、

●關稅委員會通電　各報館均鑒、本會十月二十三日開大會、議決關稅自主辦法大綱九條、當經依照本會條例、呈候執政核定施行、第一條、中華民國基於國家課稅主權完全之原則、應實行關稅自主、凡現行國際條約條款換文或聲明書等、足以侵害中國課稅主權者、均照下列第二三四五六七各條之規定、分別改正之、第二條、現行條約中有涉及內國稅者、如出產銷場出廠等稅各條文、應即聲明廢除、嗣後內國稅法、概由中國政府自行訂定、第三條、現有之釐金常關稅復進口稅子口稅及正雜各稅捐中之含有國內通過稅性質者、均由中國政府自行裁撤、嗣後在中華民國領域內之人民、應不問國籍之所屬、悉照中國內國稅法一律納稅、第四條、出口稅應酌量出口貨物之種類品質及產銷情形、照現行稅率、分別增減或全免、概由中國政府自定稅則、第五條、進口稅應分別貨物之種類品質、劃定等級、遵照關稅定率條例徵收、但對於某種貨物之課稅、與本國有互惠協定條件者、從其協定、第六條、凡與中華民國特別法令有關之進口貨物、如烟酒及與國家專賣品同類者、應照該特別法令之規定辦理、第七條、進出口之稅率表、

老第以下閱之[illegible]子樗里

戰國

其業

秦 再 丿 自孝公中葉

厲—李斯

趙—蒯通 蘇秦 張儀 白起 余子 蒯通

罷戰

以客卿說

只益轉

更傳著人

財政附文具

財政附文具提要

「財政附文具」一類的札録，原一包，内分「財政（札）」「財政」「財政（三）」和「財政（四）」四札，其中「財政」一札又分三小札（第二小札爲「文具［稿］」）。此包札録，部分是吕先生從《左傳》《國語》《晉書》《宋史》《魏書》等史籍中摘出的資料，部分是讀《陔餘叢考》《觀堂集林》等書籍及報刊雜誌的資料筆記。

吕先生的札録，天頭或紙角常會寫上分類名稱，如「財政」「財政（賦税）」「文具」等，有些也寫題頭，如第九九、一一三頁「用財之準」「諸侯亦當有内府」等。資料的抄録，詳略各有不同，或節録史籍原文，或僅在題頭下注明資料出處，如第一六四頁「官負人責、官貸於民」見《後漢書》「八一2下」（即卷八一第二頁反面）。第一〇五頁「上庫、齋庫」見《資治通鑑》「百卅九1下」（即卷一三九第一頁反面）。有些札録也加有按語，如第一〇七頁「府守」條，「勉案：杜謂府藏六官之典，恐不如劉炫謂藏財物謂是」。又如第一一五、一八五等頁，也有長短不一的按語。

「財政附文具」一包，也有一些剪報資料，此次整理只收録一頁剪報；札録中的手稿部分，均按原樣影印刊出。

財政

用財之準

劉頌告晉武帝曰。凡政欲靜。靜在息役。……今天下自有事所必須。不得止已。或用功甚少所濟至重。及有妨害。在始似如未急。終作大患。宜逆加功。如河汴將合。沈萊苟善。則役不可息。傳云自魏黃初大水之后。河濟汎溢。鄧艾嘗著濟河論。開石門而通之。至是復浸壞。祇乃造沈萊堰。至今兗豫無水患。百姓為之立碑頌焉。祇嘏子也……自如此類。準以為率。乃可興也。餘皆務在靜息。……至夫修作官署。凡諸作役。恆傷過泰。不患不舉。此將來不須陛下而自辦者也。不得止已。勢所自過也。用功少而所濟者重。不逆加功將作大患。以利害言之。人人之所知也。若乃官署作役。既穫居處之安。又快奢泰之志。人人財為不待。乃心為國者之提唱。則由體人情

非夫人之所知矣

財政

晉書陸雲傳：……拜吳王晏郎中。……時晏信任部將，使覆察諸官錢帛。雲又陳曰：伏見令書，以部將李咸、馮南、司馬吳定給使徐泰等覆校諸官市買錢帛簿。……中尉諒、大農振、諸官廉絜，恪居所司。其下衆官，宜同一例。……今咸、南軍旅小人，定、泰士卒廝賤。……既非開國勿用之稱，又傷殿下推誠曠蕩之量。……愚以爲宜發明令，罷咸等覆察，衆事一付治書。……

の下

宋書後廢帝紀：元徽四年，尚書右丞虞玩之表陳時事曰：天府虛散，垂三十年。江荊諸州，稅調本少，自頃以來，軍募多乏。其穀帛所入。折供文武。豫兗司徐。開口待哺。西北戎將。裸身求衣。委輸京都。益爲寡薄。天府所資。唯有淮海。民荒財單。不及曩日。而國度引費。四倍元嘉。二衛臺坊人力。五不餘一。都水材官朽散。十不兩存。備豫都庫。材竹俱盡。東西二埭。塼瓦雙匱。敕令給賜。悉仰交市。尚書省舍。日就傾頹。第宅府舍。類多穿毀。視不遑救。知不暇及。尋所入定調。用恆不周。既無儲畜。理至空盡。積弊累耗。鍾於今日。昔歲奉敕。課以揚徐。衆逋。凡入米穀六十萬斛。錢五千餘萬。布絹五萬匹。雜物在外。賴此相繼。故得推移。即今所懸轉多。興用漸廣。深懼供奉頓闕。軍器輟功。將士飢怨。百官騫祿。署府謝彫麗之器。土木停緩業之容。國戚無以贍。勳求無以給。

如果當所慮。不月則蹶矣。……（九北）

宋書索虜傳：有司又奏軍用不充。揚、南徐、兗、江四州富有之民，家資滿五千萬，僧尼滿二千萬者，並四分換一。過此率討。事息即還。之嘉止時半（九五北）

陳書沈君理傳：高祖受禪，出為吳郡太守。是時兵革未寧，百姓荒弊。軍國之用，咸資東境。君理招集士卒，修治器械，民下悅附，深以幹理見稱。（廿三上）

又裴忌傳：及高祖誅王僧辯。〻〻弟僧智舉兵據吳郡。高祖遣黃他〻〻攻之。……不能克。高祖謂忌曰：三吳奧壤，舊稱饒沃，雖凶荒之餘，猶為殷盛。而今賊徒扇聚，天下搖心。非公無以定之。

……之。（四五上）

魏書崔亮傳：遷度支尚書。時世宗……自遷都之後，經略四方，又營洛邑，費用甚廣。亮在度支，别立條格，歲省億計。（六六上）

又陽固傳（附陽尼）：王顯謂固曰：吾作太府卿，庫藏充實，卿以為何如？固對曰：公收百官之祿四分之一，州郡贓贖悉入京藏，以此充府，未足為多。（七二上）

周書明帝紀：武成元年五月乙卯，詔曰：比屢有糾擿，赦前事……有司分為推問。惟庫廄倉廩，與海內所共。漢帝有云：朕為天下守財耳。若有侵盜公家財畜錢粟者，魏朝之事，年月既遠，一不須問。自周有天下以來，雖經赦宥，而事跡可知者，有司宜即推

府。得實之月。但免其罪。徵備如法。（四卷）

周書柳慶傳，……與楊寬有隙……武成二年。除宜州刺史。慶自為郎。迄於司會。府庫倉儲。並其職也。及在宜州。寬為小冢宰。乃因慶故吏。求其罪失。按驗積六十餘日。吏或有死於獄者。終無所言。唯得剩錦數匹。時人服其廉慎。（廿二卷）

[illegible]庫齋庫。[illegible]上庫所儲以備軍國之用。齋庫以供齋內所須。人主之私用。

通鑑齊紀。帝建元年。世祖貯錢上庫五億萬。齋庫亦出三億萬。（胡注）

財政

司會

司會中大夫二人下大夫四人上士八人中士十有六人府四人史八人胥五人徒五十人會大計也司會主天下之大計計官之長若今尚書○會古外反注同尚音常疏司會至十人○釋曰在此者案其職云掌邦之六典八法八則之貳以逆邦國都鄙官府之治主天下大計貨賄亦須計會故與大府連類在此也○注會大至尚書○釋曰言會大計者案宰夫職曰計曰成月計曰要歲計曰會故知會大計也云主天下之大計者其職云逆邦國都鄙官府是句考徧天下云若今尚書者漢之尚書亦主大計故舉以況之也

司書上士二人中士四人府二人史四人徒八人司書主計會之簿書○簿步古反後簿書皆同疏主司書至簿書○釋曰司書在此者會計之事司書主之故其職云凡上之用財用必攷于司會故連類在此也注言簿書者古有簡策以記事若在君前以笏記事後代用簿簿今手版故云吏當持簿簿則簿書也

職内上士二人中士四人府四人史四人徒二十人職内主入也若今之泉所入謂之少内○少詩照反疏職内至十人○釋曰在此者案其職云掌邦之賦入辨其財用之物而執其總入太府者皆由職内亦有府義故鄭云受藏之府若職内故其職在此也○注若今至少内○釋曰漢之少内亦主泉所入案王氏漢官解云小官嗇夫各擅其職謂倉庫少内嗇夫之屬各自擅其條理所職主由此言之少内藏聚似令之少府但官卑職碎以少爲名

職歲上士四人中士八人府四人史八人徒二十人主歲計以歲斷○斷丁亂反疏職歲○釋曰在此者案其職云掌邦之賦出以貳官府都鄙之財出賜之數以待會計而考之摠斷一歲之大計故與司會同在此也

職幣上士二人中士四人府二人史四人賈四人胥二人徒二十人疏職幣○釋曰在此者案其職云掌式法以斂官府都鄙與凡用邦財者之幣以待上之賜予與職歲遍職故連類在此也若然此三職皆有府義不得名府者以財不久停故也

財政

府守

左氏襄九使西鉏吾庀府守　勉案杜謂府藏六官之典遲不為劉炫謂藏財物謂是

財政

季秋申嚴號令，命百官貴賤無不務內

旂衣白衣服白玉食麻與犬其器廉以深總章右个西堂北偏○是月也申嚴號令申重○重直用反命百官

十三經注疏 禮記十七 月令 九

貴賤無不務內以會天地之藏無有宣出內謂收斂入之也會猶聚也疏命百至宣出○正義曰於此月之時勅命百官貴之與賤無不務內內謂收斂其物言貴之與賤無有一人不勤務收斂內物以會天地之藏者會猶趣也言心皆趣嚮天地所藏之事謂心順天地以深閉藏也無有宣出者以物皆收斂時又閉藏無得有宣露出散其物以逆時氣

財政

命冢宰舉五穀之要
藏帝藉之收

藉田在南郊

○乃命冢宰農事備收備猶盡也舉五穀之要定其租稅之簿。簿步古反徐步各反藏帝藉之收於神倉祇敬必飭重粢盛之委也帝藉所耕千畝也藏祭祀之穀爲神倉祗亦敬也。收如字又守又反委紆僞反疏藏帝至必飭。正義曰帝藉者供上帝之藉田也神倉者貯祀鬼神之倉也言天子於此月命冢宰藏此帝藉所收禾穀於此神倉之中當須敬而復敬必使飭正。注重粢至亦敬。正義曰委謂委積之物重此粢盛委積之物故內於神倉公羊傳桓十四年御廩災御廩者何粢盛委之所藏皇氏云委謂輸也其義非云帝藉所耕千畝者鄭康成云藉之言借也借民力所治之田也祭義云天子爲藉千畝冕而朱紘躬秉耒祭統云天子親耕於南郊是藉田在南郊也云藏祭祀之穀爲神倉者以其供神之物故曰神倉祗亦敬者經有敬字祗又訓爲敬故云祗亦敬言敬者恒以敬敬爲心不有怠慢也

月令

（26 荒）

財政

冢宰制國用——以三十年通

喪之年不登——實作之禮之節——於觀與世道

耕乃餘三——三十年可有十年蓄之九年餘——餘備凶災

以隨時給用

此卑之議屬空言書——

○冢宰制國用必於歲之杪五穀皆入然後制國用制國用如今度支經用杪末也杪亡小反度支夫各反下音之。用地小大視年之豐耗小國大國豐凶之年各以歲之收入制其用多少多不過禮少有所殺。耗呼報反殺色戒反又色別反以三十年之通制國用量入以爲出通三十年之率當有九年之蓄出謂所當給爲。量音亮率音律又音類本又作繂之蓄勑六反後皆同祭用數之仂筭今年一歲經用之數用其什一。仂音勒又音力什音十喪三年不祭唯祭天地社稷爲越紼而行事不敢以卑廢尊越猶躐也紼輴車索。紼音弗躐力輒反輴勑倫反索悉各反喪用三年之仂喪大事用三歲之什一喪祭用不足曰暴有餘曰浩暴猶耗也浩猶饒也。浩胡老反祭豐年不奢凶年不儉常用數之仂國無九年之蓄曰不足無六年之蓄曰急無三年之蓄曰國非其國也三年耕必有一年之食九年耕必有三年之食以三十年之通雖有凶旱水溢民無菜色然後天子食日舉以樂菜色食菜之色民無食菜之飢色天子乃日舉以樂以食○日人一反下同疏冢宰至以樂○正義曰此一節論冢宰制國用及年之豐耗并喪祭及所蓄積之法各隨文解之○用地小大視年之豐耗者○用謂制國之用凡制國用多少必計地小大又視年之豐耗若地大年豐則制用多若地小年耗則制用少故鄭云多不過禮少有所殺○以三十年之通制國用量入以爲出者言欲制國用之時先以三十年通融之法留九年蓄外計見在之物以制國用假令一年有四萬斛以一萬斛擬三十年通融積聚爲九年之蓄以見在三萬斛制國之來歲一年之用量其今年入之多少以爲來年出用之數○注通三至給爲○正義曰通三十年之率者每年之率入物分爲四分一分擬爲儲積三分而當年所用二年又留一分三年又留一分是三年揔得三分爲一年之蓄三十年之率當有十年之蓄此云當有九年之蓄者崔氏云三十年之間大畧有閏月十三足爲一年故爲有九年之蓄是王肅以爲二十七年有九年之蓄而言三十者舉全數兩義皆通未知孰是也云出謂所當給爲者給謂給百官賓客及民人也爲謂爲造國家器物也○注筭今至什一○正義曰知用今年一歲經用者以下文云喪用三年之仂此直云數之仂故知是一歲之仂也又知仂爲什一者以仂是分散之名故考工記云石有時以泐考工記又云以其圍之阞捎其數彼注阞謂三分之一此云什一者以民稅一歲之十一則國祭所用亦什一也此謂當年經用之內用其什一非是通計擬三年儲積之蓄也故鄭云一歲經用之數○注不敢至車索○正義曰私喪者是其卑天地社稷是其尊今雖遭私喪既殯已後若有天地社稷之祭即行之故云不敢以卑廢尊也越是踐躐之義故云越猶躐也但未葬之前屬紼於輴以備火災今既祭天地社稷須越躐此紼而往祭之故云越紼云紼輴車索者以停住之時指其繩體則謂之紼若在塗人挽而行之則謂之引故鄭注雜記云廟中曰紼在塗曰引天地社稷故有越紼之禮六宗及山川之等卑於天地社稷待喪終乃祭故鄭志答田瓊云天地郊社至尊不可廢故越紼祭之六宗山川之神則否其宮中五祀在喪內則亦祭之故曾子問云君薨五祀之祭不行既殯而祭之自啓至於反哭五祀之祭不行既葬而祭之但祭時須人既少衆官不皆使盡去不須越紼故鄭荅田瓊云五祀宮中之神喪時朝夕出入所祭不爲越紼也天地社稷之祭豫卜時日今忽有喪故既殯越紼行事若遭喪之後當天地郊社常祭之日其啓殯至於反哭則避此郊社祭日而爲之按禮卒哭而祔練而禘於廟此等爲新死者而爲之則非常祭也其常祭法必待三年喪畢也其春秋之時未至三年而爲吉祭者皆非禮也若杜預之意以爲既祔以後宗廟得四時常祭三年大禘乃

同於吉故僖公三十三年凡君薨卒哭而祔祔而作主特祀於主烝嘗禘於廟杜注云新主既特祀於寢則宗廟四時常祀三年禮畢又大禘乃皆同於吉如杜之意與三年不祭違者按釋例云禮記後儒所作不正與春秋同是杜不盡用禮記也○注暴猶至饒也○正義曰暴是殘暴物被殘暴則虛耗故云暴猶耗也浩浩是多大之義故堯典云浩浩滔天故云浩猶饒也○雖有凶旱水溢民無菜色者凶旱謂凶荒遭旱也水溢謂水之汎溢凡水旱之歲厤運有常按律厤志云十九歲爲一章四章爲一部二十部爲一統三統爲一元則一元有四千五百六十歲初入元一百六歲有陽九謂旱九年次三百七十四歲陰九謂水九年以一百六歲并三百七十四歲爲四百八十歲注云六乘八之數次四百八十歲有

陽九謂旱九年次七百二十歲陰七謂水七年次七百二十歲陽七謂旱七年又注云七百二十者九乘八之數次六百歲陰五謂水五年次六百歲陽五謂旱五年注云六百歲者以八乘八八八六十四又以七乘八七八五十六相乘爲一千二百歲於易七八不變氣不通故合而數之各得六百歲次四百八十歲陰三次四百八十歲陽三從入元至陽三除去災歲總有四千五百六十年其災歲兩个陽九年一个陰九年一个陰陽各七年一箇陰陽各五年一个陰陽各三年災歲總有五十七年并前四千五百六十年通爲四千六百一十七歲此一元之氣終矣如律麻之言此是陰陽水旱之大數也所以正用七八九六相乘者以水數六火數七木數八金數九故以此交互相乘也以七八九六陰陽之數自然故有九年七年五年三年之災須三年六年九年之蓄也然災歲有陽七陰七陽五陰五此記直云三年六年九年之蓄不云七五者此各以其三相因故不言七五也舉六年則七年五年之蓄可知若貯積滿九年之後則腐壞當隨時給用

財政

諸侯亦當有內府

賓之幣唯馬出其餘皆東馬出當從廄也餘物皆東藏之內府疏賓之至皆東○注馬出至內府○釋曰云馬出當從廄也者若有皮之國用皮則不出亦從餘物東藏也知東藏之內府者案天官內府職云凡四方之幣獻之金玉齒革兵器凡良貨賄入焉注云諸侯朝聘所獻國珍彼天子禮諸侯亦當有內府諸侯自朝聘其貨獻珍異亦入內府故注依之也

（聘礼注疏）

財政 官制
農業

受質 休老勞農 成歲事 制國用

天子齊戒受諫 歲終羣臣奏歲事諫王當所改爲也○齊側皆反本亦齊下皆同 司會以歲之成質於天子 司會冢宰之屬掌計要者成計要也質平也平其計要○會古外反注同 冢宰齊戒受質 受之 大樂正大司寇市三官以其成從質於天子 大樂正於周宗伯之屬市司市也於周司徒之屬從從於司會也 大司徒大司馬大司空齊戒受質百官各以其成質於三官大司徒大司馬大司空以百官之成質於天子 百官此三官之屬 百官齊戒受質 受平報也 然後休老勞農 饗養之○勞力報反 成歲事 斷計要也 制國用

疏 天子至國用○正義曰此下至制國用論歲終天子受質及百官質於天子休老勞農制國用之事也○齊戒受諫者以其歲終舊來所施之事或有不便須有改爲百官以此上諫於天子○天子以其事重故先齊戒而後受於諫也司會以歲之成質於天子質平也謂奏上文簿聽天子平量之○冢宰齊戒受質者冢宰是貳王治事故亦齊戒贊王受羣官所平之事謂共王論定也大樂正大司寇市三官以其成從質於天子者謂此三官各以其當司成要隨從司會平於天子以周法言之司會總主羣官簿書則司徒司馬司空簿書亦司會掌之質於天子所以下文司徒司馬司空各質於天子不由司會惟大樂正大司寇市三官從司會質於天子者司會總主治要先質於王若今時先申帳目樂正司寇司市當司事少即徑從司會以質於王其司徒司馬司空總主萬民其事既大雖司會進其治要仍須各受質屬官親自質於天子百官齊戒受質以司徒司馬司空質於天子天子平斷畢當須報於下故在下百官齊戒受天子所平之要○然後休老勞農者即十月蜡祭之時飲酒勞農也○成歲事者斷定計要一歲事成乃制來歲之國用故云制國用也○注歲終至爲也○正義曰知齊戒受諫是歲終者以下云休老勞農文相連接故知是歲終也以其歲終受質故知諫王當所改爲謂改其舊事更爲新事故用歲終襄十四年左傳師曠云正月孟春於是乎有之諫失常也彼諫王過惡故用正月與此別也○注司會至計要○正義曰按天官司會中大夫二人屬冢宰故云冢宰之屬云成計要也者按周禮注歲計曰會月計曰要日計曰成彼對文耳此則摠而言之故云成計要也謂一歲簿書摠要成就○注大樂至會也○正義曰按上文司會直云冢宰之屬不云於周此大樂正及市皆云於周者以此文司會與周禮正同故不須云於周此大樂正於周是大司樂此市亦於周爲司市與周禮不同故以周禮明之云從從於司會也者以文承上司會質於天子故知從質者從司會也然此大樂正大司寇及市亦當受屬官之質以其事少文不見耳○注百官此三官之屬○正義曰司徒司馬司空受百官質故云三官之屬若以殷法言之按曲禮云司徒司馬司空司寇司士若以周法言之按夏傳司徒司馬司空三官分主九卿則兼羣官焉但大樂正大司寇司市特自質於天子也○

主宰

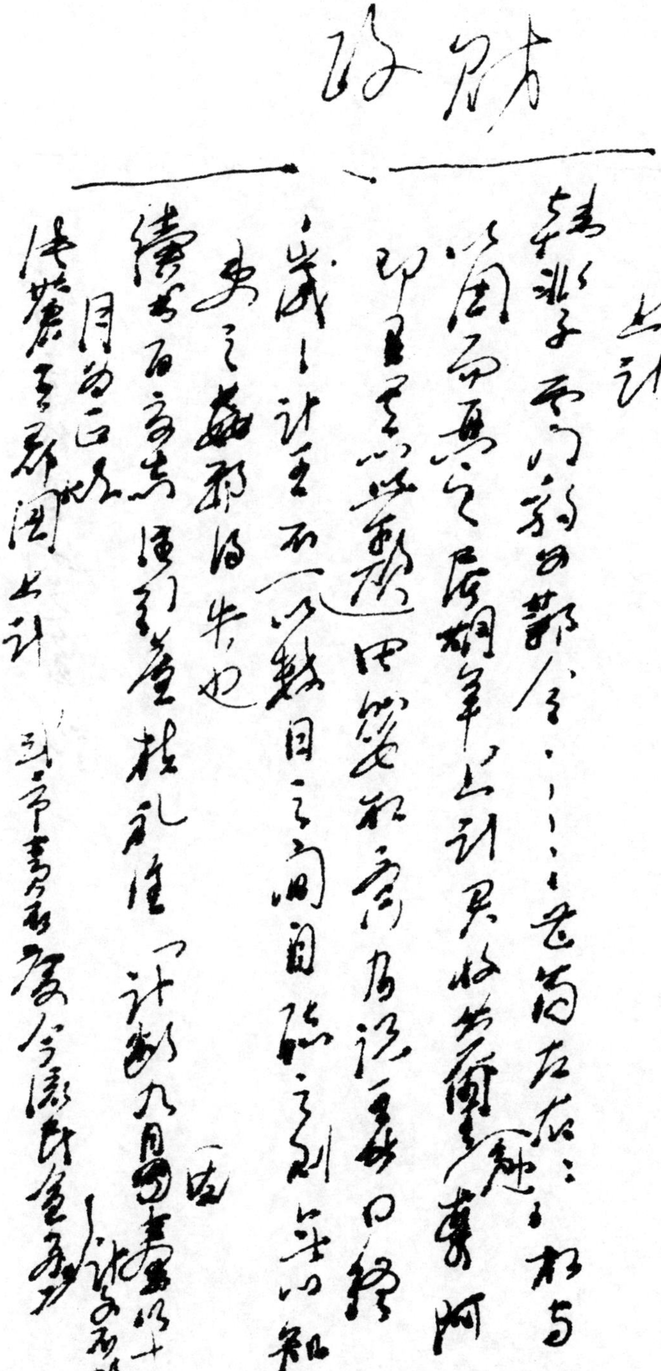

宣帝紀黃龍元年注

以歲之上下數邦用以知足否以詔穀用以治年之凶豐數猶計也。上下時掌反司祿職同數色主反注同疏以歲至凶豐釋曰上下卽豐凶廩人之官以歲之豐凶得稅物多少之帳計國之用以知足否若歲凶稅物少而用多則不足廩人旣知多少足否乃詔告在上用穀之法以治年之凶豐此則王制云制國用必於歲之杪者是也凡萬民之食食者人四鬴上也人三鬴中也人二鬴下也此皆謂一月食米也六斗四升曰鬴疏凡萬至下也。釋曰此謂給萬民糧食之法故云凡萬民之食食者謂民食國家糧食者人四鬴上也上謂大豐年也人食三鬴中也謂中豐年人食二鬴下也謂少儉年此雖列三等之年以中年是其常法鬴當今六斗四升卽今給請亦然。注此皆至曰鬴。釋曰知此皆謂一月食米者計中歲頒祿人食三鬴不得爲數月古今皆月月給請故知此皆一月食米也六斗四升曰鬴昭公傳晏子辭若食不能人二鬴則令邦移民就穀詔王殺邦用就穀就都鄙之有者殺猶減也。殺所界反下注同疏若食至邦用。釋曰此卽穀梁傳所云五穀不熟謂之大侵謂大凶年之時用如此法也。注就穀至有者。釋曰知就都鄙之有者此據天子畿內六鄉六遂及公邑純屬天子與三等采地不同若民有不能人二鬴之歲移民就賤當先嚮都鄙三等采地之中都鄙亦凶乃出嚮畿外也故知就都鄙之有者也凡邦有會同師役之事則治其糧與其食行道曰糧謂糒也止居曰食謂米也。糒音備疏凡邦至其食。釋曰此會同師役皆有軍人給糧食故須治之使均給之也。注行道至米也。釋曰案書傳云行而無資謂之乏居而無食謂之困是止居曰食謂此廩人米也詩云乃裹糇糧是行道曰糧謂糒也者即尚書費誓云峙乃糗糧即糒也大祭祀則共其接盛接讀爲一扱再祭之扱扱以受舂人舂之大祭祀之穀藉田之收藏於神倉者也不以給小用。接依注音扱扱初洽反劉初輒反又差及反李聶創陟反疏注接讀至小用。釋曰此即廩人兼掌御廩所藏藉田之收以供祭祀之用者也鄭必讀接爲一扱再祭之扱者此麤米與舂人舂之當須扱與舂人無取於接義故讀如特牲少牢云藏於神倉者也者據月令而言知不給小用者祭義云天子藉田千畝諸侯藉田百畝以事天地社稷先公敬之至也是不給小用也

邦有會同　師役　廩人治其糧｜道｜食｜居

財政

舍人上士二人中士四人府二人史四人胥四人徒四十人舍猶宮也主平宮中用穀者也疏舍人至十人○釋曰在此者案其職云掌平宮中之政分其財守以法掌其出入謂平宮中米穀多少故與廩人倉人連類在此○注舍猶至者也○釋曰鄭訓舍爲宮者案其職云掌平宮中之政故就職內主平宮中用穀解之

舍人掌平宮中之政分其財守以灋掌其出入政謂用穀之政也分其財守者計其用穀之數分送官正內宰使守而頒之也而行出於廩人其有空缺則計之還入疏舍人至出入○釋曰舍人揔主給米之事而掌平王宮中之政謂平其給米多少不得特多特少也云分其財守者財即米也故喪大記云納財朝一溢米亦謂米爲財謂分米與官正內宰守禁之所使頒與所使守之人云以法掌其出入者出謂米出於廩人以出給入謂其有空缺則還入廩人皆當以法不可虛也○注政謂至還入○釋曰必送米與官正內宰者此二官皆有宿衞之人須米料之數故也凡祭祀共簠簋實之陳之方曰簠圓曰簋盛黍稷稻粱器○簠音甫或音蒲李又方于反疏凡祭至陳之○釋曰祭祀言凡則天地宗廟大次小祭皆有黍稷於簠簋實之陳之故云凡以實之也○注方曰至粱器○釋曰云方曰簠圓曰簋皆據外而言案孝經云陳其簠簋注云內圓外方受斗二升者直據簠而言若簋則內方外圓知皆受斗二升者旊人云爲簋實一觳豆實三而成觳豆四升三豆則斗二升可知但外神用瓦簋宗廟當用木故易損卦云二簋可用享損卦以離巽爲之離爲日日圓巽爲木木器圓簋象是用木明矣云盛黍稷稻粱器者案公食大夫簠盛稻粱簋盛黍稷故鄭揔云黍稷稻粱器也賓客亦如之共其禮車米筥米芻禾禮致饔餼之禮○筥姜呂反又音呂疏賓客至芻禾○釋曰云亦如之者亦有簠簋實之陳之事故亦如祭祀也言賓之陳之則據饔餼及饔食之時也云共其禮車米筥米芻禾者鄭云禮致饔餼之禮案聘禮曰致饔使卿韋弁歸饔餼米

舍人掌宮中之政分其財——米爲財——歲終則會

簠內圓外方

簋內方外圓

米粟——粟米即粱之稷也稷爲五穀之長故掌以稷米

百筥設于中庭車米三十車陳於門外禾三十車芻薪倍禾又案掌客上公米百有二十筥車米四十車禾五十車芻薪倍禾侯伯米百筥車米三十車禾四十車芻薪倍禾子男米八十筥車米二十車禾三十車芻薪倍禾皆言陳是其饔餼筐米筥米芻禾所陳多少之事

喪紀共飯米熬穀飯所以實口不忍虛也君用粱大夫用稷士用粱皆四升實者唯盈熬穀者錯于棺旁所以惑蚍蜉也喪大記曰熬君四種八筐大夫三種六筐士二種四筐加魚腊焉○飯扶晚反注同熬五羔反錯七故反蚍鼻夷反蜉音浮種章勇反下同

疏注飯所至腊焉○釋曰云飯所以實口不忍虛也者案檀弓云飯用米貝不忍虛也不以食道用美焉爾故云不忍虛也故君用粱大夫用稷士用粱者此喪大記文彼據沐時所用今引證飯者但飯米沐米與重鬲所盛用米皆同是以士喪禮云貝三實于笄稻米一豆實於筐據飯含所用下即云祝淅米管人受潘煑于垼外御者沐又云鬻餘飯盛以二鬲是其三者用米同故引沐法以證飯也但喪大記注士沐粱蓋天子之士以其士喪禮諸侯之士沐稻喪大記注又云差率而上天子沐黍與則天子飯用黍也云皆四升者用米不同別貴賤但大口大小同故知皆四升也云實者惟盈者士喪禮文故彼云主人左扱米實于右三實一貝左中亦如之又實米惟盈是也云熬穀者錯于棺旁所以惑蚍蜉也者解穀所以熬之將殯設之者將熬穀以惑蚍蜉又有魚腊香蚍蜉欲向棺值此惑之故云所以惑蚍蜉也引喪大記者見尊卑用筐穀多少不同之意云熬君四種八筐大夫三種六筐士二種四筐加魚腊焉鄭彼注引士喪禮曰熬黍稷各二筐又曰設熬旁一筐大夫三種加以粱君四種加以稻四筐則首足皆一其餘設於左右若然天子當加麥菽六種十筐首足亦各一筐其餘亦設於左右也

以歲時縣穜稑之種以共王后之春獻種縣之者欲其風氣燥達也鄭司農云春王當耕于藉則后獻其種也后獻其種見內宰職○縣音玄注下同穜稑直龍反下音六司農職同見賢遍反

疏以歲至獻種○釋曰內宰注云先種後熟謂之穜後種先熟謂之稑彼內宰上春后獻種示不敗壞且助王耕事此云歲時縣者從納禾治得子即縣之以至春獻之是以先鄭云春王當耕于藉則后獻其種也

掌米粟之出入辨其物九穀六米別為書

疏掌米至其物○釋曰大宰九職有九穀月令有五穀今正言粟者粟即粢也爾雅釋草粢稷也稷為五穀之長故特舉以配米也其實九穀皆有○注九穀至為書○釋曰九穀之名已見大宰注今云六米者九穀之中黍稷稻粱菰大豆六者皆有米麻與小豆小麥三者無米故云九穀六米別為書釋經辨其物也

歲終則會計其政政用穀之多少

財政

倉人中士四人下士八人府二人史四人胥四人徒四十人 疏 倉人。釋曰案其職云掌粟入之藏如廩人米粟地之所成故也

倉人掌粟入之藏 九穀盡藏焉以粟爲主 疏 注九穀至爲主。釋曰案月令首種不入鄭注引舊記首種謂稷即種粟是五穀之長下文辨九穀此云粟是以粟爲主也 辨九穀之物以待邦用若穀不足則止餘灋用有餘則藏之以待凶而頒之 止猶殺也殺餘法用謂道路之委積所以豐優賓客之屬 疏 注止猶至之屬。釋曰知殺餘法用是道路之委積者案上遺人注委積者廩人倉人計九穀之數足國以其餘共之所謂餘法用也則彼委積是法用以此餘者爲之是豐優賓客者今倉人穀不足故止彼餘法用故鄭據遺人而言焉鄭云之屬者彼遺人注云職內邦之移用亦如此也今穀不足亦止之故云之屬 凡國之大事共道路之穀積食飲之具 大事謂喪戎 疏 注大事謂喪戎。釋曰案左氏成公傳國之大事在祀與戎不言喪事今此喪戎不言祀者此經云共道路惟軍戎及喪在外行於道路故據而言焉祭祀遠無過在近郊之內無在道共糧之事故不言祭祀也

卅五

倉人掌粟入之藏

附

司祿

司祿中士四人下士八人府二人史四人徒四十人主班祿

疏注主班祿。釋曰在此者其職既闕未知所掌云何但班祿者用粟與之司祿職次倉人明是班多少之官。鄭云主班祿故與倉人連類在此

司祿闕

稾人奄八人女稾每奄二人奚五人鄭司農云稾讀爲犒師之犒主冗食者故謂之犒。犒注音犒同苦報反冗如勇反【疏】稾人至五人。釋曰案其職云掌共外內朝冗食者之食所共處多故有奄八人又女稾每奄二人奚五人也。注鄭司至之犒。釋曰案左氏春秋僖三十三年秦人將襲鄭鄭商人弦高將市於周遇之以乘韋先牛十二頭犒秦師遂詐之云鄭使我犒勞軍師引之者以在朝之人不得歸家亦枯槁以須犒勞之故名其官爲犒人亦同稾人連類在此

稾人掌共外內朝冗食者之食外朝司寇斷獄弊訟之朝也今司徒府中有百官朝會之殿云天子與丞相舊決大事焉是外朝之存者與內朝路門外之朝也冗食者謂留治文書若今尚書之屬諸直上者【疏】釋曰天子三朝路寢庭朝是圖宗人嘉事之朝大僕掌之又有路門外朝是常朝之處司士掌之又有外朝在皋門內庫門外三槐九棘之朝是斷獄弊訟之朝朝士掌之今言外內朝明據三槐與路門外二者以其路寢庭非常朝之處也鄭引今司徒府已下說義也云冗食者謂留治文書若今尚書之屬諸直上者者亦引漢法說之謂以次當直留在朝宿不還須以食供之冗食者冗散也外內朝上直諸吏謂之冗吏亦曰散吏以上直不歸家食稾人供之因名冗食者

若饗耆老孤子士庶子共其食士庶子卿大夫士之子弟宿衞王宮者【疏】釋曰耆老謂死王事者之父孤子謂死王事者之子國家春饗孤子秋食耆老及士庶子謂若宮正宮士謂適子庶子其支庶宿衞王宮者國家饗養之則亦稾人供其食也

掌豢祭祀之犬養犬豕曰豢不於餼人言其共至尊雖其潘瀾戔餘不可褻也【疏】釋曰養犬曰豢此經是也知養豕亦曰豢者見禮記樂記云豢豕作酒非以爲禍是養豕曰豢也云不於餼人言其共至尊雖其潘瀾戔餘不可褻也者以其餼人所炊米爲祭祀及共王與后並是至尊故雖米之潘瀾戔餘亦不得褻之與犬故於此言之也

財政

（臣民）（中國）（經濟）（關係）

版圖

幣物有所用之人藏將於二囊

則有府庫與用合同

而後府用係財從與國共之，使人識得不入

參閱

「上」字兼語王與家窮，識前下集廣見

王雖不會亦有部分為國之

大計——財之財，共械之類——曰錄大家亦嘗

之類山林川澤之類

山林川澤童枯則不稅

徵稅由考吏會計考步徵令　凡稅斂民

此諸言注不見書　畢寫一通副在戴文書名

尚可安之入司書

附釋音周禮注疏卷第七

司書掌邦之六典八灋八則九職九正九事邦中之版土地之圖以周知入出百物以敘其財受其幣使入于職幣九正謂九賦九貢正稅也九事謂九式變言之者重其職明本而掌之非徒相副貳也敘猶比次也謂鉤考其財幣所給及其餘見爲之傳書故書授爲授鄭司農云授當爲受謂受財幣之簿書也玄謂亦受録其餘幣而爲之簿書使之入于職幣幣物當以時用之久藏將朽蠹○正音征注同比毗志反見賢遍反下同簿步故反下同蠹都路反疏司書至職幣○釋曰言掌邦之六典已下至周知入出百物已上所掌與司會同者以其司會主鉤考司書掌書記之司書所記司會鉤考之故二官所掌其事通焉九職即司會九功也九正即司會九賦九貢也九事即司會九式也邦中之版土地之圖即司會版圖也周知入出百物者即司會百物財用一也云以敘其財者敘謂比次其財知用多少云受其幣者百官所用餘財逆來與司書司書受其幣使入於職幣之官不入本府○注九正至朽蠹○釋曰知九正謂九賦九貢者案上司會有九賦九貢此司書則有九正無九賦九貢故知九正則是九賦九貢也言九正者謂此二者之財皆出於正稅故鄭云正稅也又云九事謂九式者云式據用財言之九事據用財所爲之事其理一也云變言之者重其職謂變九賦九貢言九正變九式言九事也重以其職明本而掌之非徒相副貳也其相副貳者謂司會八法八則之貳是也云所給及其餘見爲之簿書者司書周知入出百物以敘其財明知敘其財者所給諸官餘不盡者即以餘見爲之簿書擬與司會鉤考之玄謂亦受録其餘幣而爲之簿書

者此增成先鄭受謂受財幣之簿書云幣物當以時用之久藏將朽蠹者釋經百官餘幣不入於

本府而入於職幣之意若入本府即是久藏將恐朽爛蠹敗故入職幣使人占賣之本在生利也　凡上之用財用必

攷于司會　上謂王與冢宰王雖不會亦當知多少而關之司會以九式均節邦之財用　疏　注上謂至財用○釋曰知上謂王與冢宰者案內府職云凡王及冢宰賜與則共之明此上中有冢宰可知云王雖不會

亦當知多少而關之者案上膳夫庖人及外府等皆言王及后不會此經上之用財必考於司會者此之所考但知多少而關之非是會計與王為限云司會以九式均節邦之財用者欲見司書用財必考於司會之意　三歲則

大計羣吏之治以知民之財器械之數以知田野夫家六畜之數以知山林川澤之數以

逆羣吏之徵令　械猶兵也逆受而鉤考之山林川澤童枯則不稅○械戶戒反畜許又反　疏　三歲至徵令○釋曰言三歲者三年一閏天道小成考校羣吏須有黜陟故云三歲則大計羣吏之治羣吏則

百官也以知民之財用器械之數者民之財用謂幣帛多少器謂禮樂之器械謂兵器弓矢戈殳戟矛此等則器械之數皆知之以知田野謂百畝之田在野夫家者謂男夫婦女六畜者謂馬牛羊豕犬雞之數又云以知山林川澤之數者案

大司徒地有十等不言丘陵墳衍原隰者略言之也又云以逆羣吏之徵令者逆謂鉤考也此司書知民之財器已下川澤已上恐其羣吏濫徵斂萬民故知此本數乃鉤考其徵令也○注械猶至不稅○釋曰山林川澤童枯則不稅者山林

不茂為童川澤無水為枯所稅者稅其有今山林不茂則無材木川澤無水則無魚鼈蒲葦故不稅之　凡稅斂掌事者受灋焉及事成則入要貳焉　法猶數也

應當稅者之數成猶畢也○斂力驗反　疏　凡稅至貳焉○釋曰言凡稅斂者謂若地官閭師旅師徵斂之官所欲稅斂掌事者皆來司書處受法焉及事成收斂畢入要寫一通副貳文書名為要入司書故云入要貳焉必來受法又

入要貳者以司書知財器已下之數擬後鉤考之也○注法猶至畢也○釋曰云應當稅者之數即上田野夫家之等是其本出稅者之數也　凡邦治攷焉　考其法於司書　疏　凡邦治攷焉○釋曰邦之所治有善

惡皆來考於司書者以司書大計羣吏之治知其功過故也

財政（總綱）

歲入

歲入種類不同，得分之

總條

公府之有收入者——得與別歲支相抵于成納

歲入先至鄉內　乃至大府　大府分給公家

所

成十之六公者移

公所所有物畜副專勒令一通于鄉所、

生活付之

職内亦有府，以藏當歲所用。
司書要貳、職内之入、職歲之出，互相鉤考。

職内掌邦之賦入辨其財用之物而執其總以貳官府都鄙之財入之數以逆邦國之賦用辨財用之物處之使種類相從總謂簿書之種別與大凡官府之有財入若關市之屬○種章勇反疏職内至賦用○釋曰云掌邦之賦入者謂九職九貢九賦之稅入皆掌之獨云賦入者賦是總名下言賦者皆此類也辨其財用之物凡所稅入者種類不同須分別之而執其總者總謂稅入多少總要簿書又云以貳官府都鄙之財入之數者官府財入謂若關市之稅都鄙之財入都鄙謂三等采地采地之稅四之一言貳者謂職内受取一通副貳文書擬鉤

十三經注疏　周禮七　天官冢宰下　十三

考以逆邦之賦用之者職内既知財入之數鉤考用賦多少知其得失○注辨財至之屬○釋曰言辨財用之物使種類相從者但賦之所入先由職内始至大府大府分致於衆府以是分別使衆類相從云官府之有財入若關市之屬者司關司市皆屬地官關市皆有出稅故知官府之有財入若關市也言之屬者兼有城十二門亦有稅入凡受財者受其貳令而書之受財受於職内以給公用者貳令者謂若今御史所寫下本奏王所可者書之若言某月某日某甲詔書出某物若干給某官某事○寫戸嫁反疏凡受至書之○釋曰其有官府合用官物而受財者並副寫一通擬令文書與職内然後職内依數付之故云受其貳令書之○注受財至某事○釋曰云貳令謂若今御史所寫下本奏王所可者案御史職云掌贊書彼注云王有令則以書致之則贊爲辭若今尚書作詔文是其用官財者先奏白於王王許可則御史贊王爲辭下職内是其貳令職内則書之爲本案然後給物與之若然職内主入職歲主出職内分置於衆府所以得有物出與入者職内雖分置衆府職内亦有府貨賄留之者故得出給故大府職云頒其賄於受用之府鄭注云受用之府若職内是也及會以逆職歲與官府財用之出亦參互鉤考之疏及會至之出○釋曰言會者謂至歲終會計以逆職歲者逆謂鉤考也職歲主出職内主入以已之入財之數鉤考職歲出財之數又云與官府財用之出者謂職歲出財與官府所用之數並鉤考之○注亦參互鉤考之○釋曰鄭云參互鉤考者案司會以參互考之鄭彼注云參互謂司書之要貳職内之入職歲之出以三官相鉤考此職内逆職歲明兼有司書之要貳故言參互言亦者亦如大府也而敘其財以待邦之移用亦鉤考今藏中餘見爲之簿移用謂轉運給他○藏才浪反疏而敘至移用○釋曰案司書云以敘其財鄭彼注云敘猶比次謂鉤考其財幣所給及其餘見爲之簿書入職幣也此言敘財亦謂比次職内藏中餘見爲簿書以待邦之移用更給他官若然職内旣非常府其所藏者唯當歲所用故用不盡者移用之也

財政（附文具）

職歲掌邦之賦出以貳官府都鄙之財出賜之數以待會計而攷之以貳者亦如職內書其貳令而編存之○編必綿反又必連反一音方干反疏職歲至攷之○釋曰云掌邦之賦出者職內主入職歲主出職內所入於衆府所用之多少皆主之故云掌邦之賦出但九貢九賦九功之用皆主之特言賦者亦如職內云賦賦是總稱也云以貳官府都鄙之財出賜之數者職內云以貳官府都鄙之財入之數此職歲以貳官府都鄙之財出賜之數二官一入一出皆書其貳共相鉤考故職內云以逆邦之賦用此職歲云以待會計而考之其事通也○注以貳至存之○釋曰云亦如職內書其貳令而編存之者職內云凡受財者受其貳令而書之此官主出所出亦皆由上令所出前後不同亦皆書其貳令編存爲案以待會計而考之也凡官府都鄙羣吏之出財用受式灋于職歲百官之公用式灋多少職歲掌出之舊用事存焉疏凡官至職歲釋曰官府都鄙出財用皆來受灋者以其出財用皆爲有事事有舊灋用有常職歲出財皆有舊灋式在於職歲故須受灋於職歲也凡上之賜予以敘與職幣授之敘受賜者之尊卑疏凡上至授之○釋曰上謂王與冢宰所有小賜予之事則職幣所云小用賜予是也故云以敘與職幣授之及會以式灋贊逆會助司會鉤考羣吏之計疏及會至逆會○釋曰案司會以逆羣吏之治而聽其會計此官主式灋出財用及至也至歲終會計之時則以式法贊助司會鉤考會計之事故云以式灋贊逆會

職歲一掌其
式是總核綜
出財皆有舊法式

財政

職幣——主餘幣

職幣 歲終則會其出

職幣掌式灋以斂官府都鄙與凡用邦財者之幣幣謂給公用之餘凡用邦財者謂軍旅疏職幣至之幣○釋曰職幣主餘幣給諸官之用亦依灋式與之故云掌式灋以斂官府已下之幣幣則餘幣也○注幣謂至軍旅○釋曰云幣謂給公用之餘者以其此官主斂餘幣故知幣謂給公用之餘知凡用邦財是軍旅者見經斂官府都鄙別言用邦財故知用邦財謂國之大事唯有軍旅

振掌事者之餘財振猶抍也檢也掌事謂以王命有所作爲先言斂幣後言振財互之○抍音拯疏振掌至餘財○釋曰振者抍也檢也以財與之謂之抍知其足剩謂之檢掌事奉王命有所造爲故職幣檢掌事者有餘則受取故云振掌事者之餘財○注振猶至互之○釋曰知掌事謂以王命有所作爲者以其上經官府已下是其國家常事此別言掌事是王命有所作爲又云先言斂幣後言振財互之者凡用國家財物皆先振而後斂今於上文直言斂不言振亦振之下言振財有餘亦斂之可知故言互之也

皆辨其物而奠其録以書楬之以詔上之小用賜予奠定也故書録爲祿杜子春云祿當爲録定其録籍鄭司農云楬之若今時爲書以著其幣○楬其列反著直略反徐張恕反疏皆辨至賜予○釋曰上經既斂得幣皆當辨其物知其色類及善惡而奠其録者謂定其所録簿書色別各入一府以書楬之者謂府別各爲一牌書知善惡價數多少謂之楬又云以詔上之小用賜予者詔猶告也職幣既知府內則告上之王與冢宰小用賜予之事此謂常賜予玉府所云凡王之好賜共其貨賄及內府云凡王冢宰之好賜此二者非常賜與外府及典絲枲三官言賜予者與此職幣同亦是國家常賜予

歲終則會其出疏歲終則會其出○釋曰以其職幣主出故歲終與司會會之下贊之亦謂贊司會會之事也

凡邦之會事以式灋贊之

遺人掌委積

遺人中士二人下士四人府二人史四人胥四人徒四十人鄭司農云遺讀如詩曰棄予如遺之遺玄謂以物有所饋遺○遺人維季反注饋遺同司農音維疏遺人至十八○釋曰在此者案其職云掌邦之委積以待施惠故與委人之官連類在此注鄭曰至饋遺○釋曰先鄭云遺讀如詩曰棄予如遺之遺者此小雅谷風詩彼謂朋友道絕相棄如遺忘物玄謂以物有所饋遺者此是將物與人非是遺忘之事故不從先鄭也

遺人掌邦之委積以待施惠鄉里之委積以恤民之艱阨門關之委積以養老孤郊里之委積以待賓客野鄙之委積以待羈旅縣都之委積以待凶荒委積者廩人倉人計九穀之數足國用以其餘共之所謂餘法用也職內邦之移用亦如此也皆以餘財共之少曰委多曰積鄉里鄉所居也○艱阨猶困乏也門關以養老孤人所出入易以取饟廩也羈旅過行寄止者待凶荒謂邦國所當通給者也故書艱阨作擹阨羈作寄杜子春云擹阨當為艱阨寄當為羈○遺唯季反劉音遂施惠式豉反後施惠皆同廩良甚反易以豉反擹音艱又音謹疏遺人至凶荒○釋曰此官主施惠故掌邦之委積以待施惠此與下為摠目也云鄉里之委積以恤民之艱阨者此下數者皆謂當年所稅多少摠送帳於上在上商量計一年足國用外則隨便留之以為恤民之艱阨之等也艱阨謂年穀不熟民有困乏則振恤之云門關之委積以養老孤者門謂十二國門關謂十二關門出入皆有稅所稅得者亦送帳多少足國用之外留之以養老孤故司門云以其財養死政之老與其孤注云財所謂門關之委積也是其所留之財也云郊里之委積以待賓客者里居也郊民所居即六鄉之民所居郊者其委積留之以待賓客者其賓客至郊與主國使者交接因即與之廩餼便欲以待賓客也云野鄙之委積以待羈旅者上既言郊里據遠郊則此野鄙據六遂在郊外曰野六遂中有五百家鄙故以鄙表六遂耳則野鄙中可以兼得公邑在甸地者也旅客也謂客有羈縶在此未得去者則於此惠之但羈旅處處皆有

獨於此見惠者但甸地在二百里中於外內有羈旅皆得取之故獨見於此也云縣都之委積以待凶荒者縣謂四百里都謂五百里不見稍三百里則縣都中可以兼之凶荒謂年穀不熟則曲禮云歲凶年穀不登是也特於此三處見凶荒其凶荒則畿內畿外皆有若畿外凶荒則入向畿內取之畿內凶荒則向畿外取之是以鄭君通給解之故於近畿三百里之外言待凶荒之事也○注委積至爲羈○釋曰倉人主藏穀廩人主藏米自計九穀之數至餘法用皆約倉人文案倉人云辨九穀之物以待邦用若穀不熟則止餘法用有餘則藏之以待凶而頒之注止年穀餘法用謂道路之委積所以豐優賓客之屬又案廩人云掌九穀之數以待國之分頒謂若委人之職諸委積以稍聚待賓客以甸聚待羈旅是廩人亦云委積若然穀不足止餘法用則此鄉里已下皆無入委積之事故云止餘法用也雖無新物以入委積其舊委積所藏者則給囏阨老孤之等故倉人云藏之以待凶而頒之掌客云凶荒則殺禮者謂除道路委積之外也云職內邦之移用亦如此也者職內所云亦謂本司所用有餘乃移於他處故云亦如此也云少曰委多曰積者據此文三十里言委五十里言積相對而言若散文則多亦曰委委人所云薪蒸亦曰委是也云囏阨猶困乏也者案書傳云行而無資謂之乏居而無食謂之困

凡賓客會同師役掌其道路之委積凡國野之道十里有廬廬有飲食三十里有宿宿有路室路室有委五十里有市市有候館候館有積廬若今野候徙有庌也宿可止宿若今亭有室矣候館樓可以觀望者也一市之間有三廬一宿○庌劉音雅【疏】凡賓至有積○釋曰上經委積隨其所須之處而委積此經所陳委積據會同師役行道所須故分布於道路遠處須多故有積近處須少故有飲食及委也○注廬若至一宿○釋曰云廬若今野候徙有庌也者此舉漢法以況義漢時野路候迎賓客之處皆有庌舍與廬相似云宿可止宿若今亭有室矣者案漢法十里有亭亭有三老人皆有宮室故引以爲況也云一市之間有三廬一宿者十里二十里有廬三十里有宿四十里又有一廬五十里有市是其一市之間三廬一宿凡廬有四義十里有廬一也中田有廬二也易剝之上九云君子得輿小人剝廬注云小人傲很當剝徹廬舍而去三也公劉詩云於時廬旅鄭云廬舍安民館舍施教令四也

凡委積之事巡而比之以時頒之【疏】凡委至頒之○釋曰言凡委積上二文委積之事是也以時頒之則以待者是也

財政

惟王不會

凡邦之皮事掌之歲終則會唯王

十三經注疏　周禮七　天官冢宰下　十五

之裘與其皮事不會（周禮司裘）

附皮

掌皮　本數　餘見　歲終周之十二月

掌皮掌秋斂皮冬斂革春獻之皮革踰歲乾久乃可用獻之獻其良者於王以入司裘給王用【疏】掌皮至獻之○釋曰云秋斂皮冬斂革春獻之者許氏說文獸皮治去其毛曰革秋斂皮者鳥獸毛毨之時其皮善故秋斂之革乃須治用功深故冬斂之乾久成善乃可獻故春獻之也○注皮革至王用○釋曰知良者入司裘者以其司裘掌為王大裘以下故知良者入司裘也

遂以式灋頒皮革于百工式灋作物所用多少故事【疏】遂以至百工○釋曰上文獻良者入司裘其餘入百工因上事故云遂也百工者即冬官六十官主作器物若裘氏韋氏函人之類用皮者也○注式灋至故事○釋曰云式灋作物所用多少故事者作若裘氏作裘函人作甲冑謂皮革皆有用物多少之數有舊法者也

共其毳毛為氈以待邦事當用氈則共之毳毛毛細縟者○毳尺稅反縟音辱【疏】共其至邦事○釋曰鄭云當用氈則共之謂若掌次張氈案是當其用氈則掌皮共毳毛與冬官使作氈與掌次也

歲終則會其財齎財斂財本數及餘見者齎所給予人以物曰齎今時詔書或曰齎計吏鄭司農云齎或為資○見賢遍反【疏】歲終至財齎○釋曰歲終周之十二月則會計其皮之本數之財及出與人物之齎計知多少也○注財斂至為資○釋曰財斂財本數者經云財與齎二者並據皮革而言也言斂財本數者謂四方所有皮革之入掌皮之數是本數也云及餘見者謂出給不盡見在庫者也云予人以物曰齎者齎有兩義上外府注行道曰齎此皮革無行道所用之義故齎為出給與人物解之也云今時詔書或曰齎計吏者漢時考使謂之計吏有詔賜與之則曰齎引之證齎是與人物也鄭司農云齎或為資先鄭意一部書齎或為資也

天官

財政（宮政）

内宰職終會内人之稍食稽其功事
佐后受獻功比其賞罰
會内宮之財用
正歲均稍食施功事
北宮之宿衛

歲終則會內人之稍食稽其功事内人主謂九御　疏　歲終至功事。釋曰歲終亦謂周之季冬內宰則會計內人女御之稍食稍食則月請是也云稽其功事者稽計也又當計女御絲枲二者之功事以知多少。注內人主謂九御。釋曰知內人主是女御者案典婦功授嬪婦及內人女功之事齎嬪婦既是九嬪世婦明內人是九御也**佐后而受獻功者比其小大與其麤良而賞罰之**獻功者九御之屬鄭司農云烝而獻功玄謂典婦功曰及秋獻功　疏　佐后至罰之。釋曰佐后而受獻功者謂內宰佐助后而受女御等獻絲枲之功布帛等云比其小大與其麤良者布帛之等縷小者則細良縷大者則麤惡今言麤不云惡言良不云細者互見爲義也云而賞罰之者良則賞之麤則罰之以示懲勸也。注獻功至秋獻功。釋曰鄭知獻功是九御之屬者上文云以婦職之法教九御明所受獻功還是九御之屬可知司農云烝而獻功謂冬獻功玄引典婦功職秋獻功不從先鄭者以其內宰佐后受明是婦官所造還是典婦功女御等秋獻功也**會內宮之財用**計夫人以下所用財　疏　會內宮之財用。釋曰以其云內宮是摠六宮之內所有財用皆會計之故鄭云計夫人以下所用財也**正歲均其稍食施其功事憲禁令于王之北宮而糾其守**均猶調度也施猶賦也北宮后之六宮謂之北宮者繫于王言之明用王之禁令令之守宿衛者。調徒弔反度待洛反或如字　疏　正歲至其守。釋曰正歲謂建寅之月歲始故摠均宮中所受稍食月俸之人因歲始又施其女功絲枲之事憲禁令于王之北宮者亦以歲始憲謂表縣禁令于王之北宮北宮則后宮而糾其守者謂宿衛之子弟糾其惰慢者也。注均猶至衛者。釋曰鄭以均爲調度者受月請者尊卑各有常度今均之者謂調之使依常度云謂之北宮者係於王言之明用王之禁令令之者欲見王有六寢后有六宮各自不同必繫王而言者婦人有三從之義后雖自有六宮必資王之禁令故繫王而言也云守宿衛者謂若宮伯所掌士庶子者也

天官内宰

紵衣四女（

典枲　歲終則會

典枲掌布緦縷紵之麻草之物以待時頒功而授齎緦十五升布抽其半者白而細疏曰紵雜言此數物者以著其類衆多草葛蕡之屬故書齎作資。數色主反一音所蕡苦迥反又曰類反劉枯熒反【疏】典枲至授齎。釋曰云掌布緦縷紵之麻草之物者欲見布緦縷用麻之物紵用草之物布中可以兼用葛蕡之草爲之云以待時頒功而授齎者上典絲鄭注解時者用絲有四時之別此鄭不解麻草所爲四時皆得故不釋也云授齎者亦如典婦功注謂以女功事來取者。注緦十至作資。釋曰鄭知緦十五升布抽其半者禮記雜記文白而細疏曰紵者鄭目驗而知之及獻功受苦功以其賈楬而藏之以待時頒其良功亦入於典婦功以共王及后之用鄭司農云苦功謂麻功布紵。苦功音古【疏】及獻至時頒。釋曰獻功者即上典婦功云秋獻功是也云以待時頒者即下又頒衣服及賜予是也。注其良至布紵。釋曰云其良功亦入於典婦功苦功自入故此與典絲同爲此解也司農云苦功謂麻功布紵者先鄭意絲功爲良故彼注不破良字云良功縑帛也此典枲云苦功謂麻功爲鹽麤之功玄引之在下亦見得通一義也頒衣服授之賜予亦如之授之授受班者帛言待有司之政令布言班衣服互文【疏】注授之至互文。釋曰言授受班者謂王賜無常云帛言待有司之政令布言班衣服者帛謂典絲布謂典枲據成而言知爲互文者以其典絲典枲俱不爲王及后之用皆將給賜故知互見爲義也歲終則各以其物會之【疏】歲終至會之。釋曰鄭無注者以其義與典絲同彼已注故於此略也

（天官）

月終則以官府之敘受羣吏之要主每月之小計

疏月終至之要○釋曰月計曰要故每月月終則使官府致其簿書之要受之當先尊後卑故言敘○注主每月之小計○釋曰言小計對下經歲會爲大計也若大會則下文小宰平之

贊冢宰受歲會歲終則令羣吏致事使齎歲盡文書來至若今上計○齎子兮反上時掌反下同

疏贊冢至致事○釋曰贊助也歲計曰會言冢宰則據百官揔焉謂助冢宰受一歲之計云歲終則令羣吏致事者使六官各致一年功狀將來考之故也○注使齎至上計○釋曰漢之朝集使謂之上計吏謂上一年計會文書及功狀也

小宰受羣吏之要（月計）贊冢宰受歲會

小宰歲終令羣吏致事（一年功狀）

計攷

宰夫考歲會月要日成

歲終周季冬

歲終則令羣吏正歲會月終則令正月要旬終則令正日成

而以攷其治治不以時舉者以告而誅之歲終自周季冬正猶定也旬十日也治不時舉者謂違時令失期會○會如字疏歲終至誅之○釋曰言周之歲終十

十三經注疏 周禮三 天官冢宰 共

二月則令羣吏羣吏則六十官正歲會正猶定也謂一年會計文書揔句考之歲計曰會也月終則令正月要者謂每月終則令羣吏正其月要月要謂月計曰要也旬終謂每旬終則令羣吏正其日成日成謂日計曰成也云而以攷其治者言會要成揔考之云治不以時舉者謂文書稽滯者故鄭云違時令失期會也云以告而誅之者謂告冢宰而誅責之也○注歲終至期會○釋曰知歲終是周之季冬者以其正月之吉始和彼正月是周之正月始和布治于天下至今歲終考之是一歲之終故知非夏之歲終也云正猶定者以其文書定乃可攷之故爲定也云旬十日也者上文云前期十日少牢云旬有一日旬與十日正同故知旬十日也

財政

掌治灋以考百官府羣都縣鄙之治乘其財用之出入凡失財用物辟名者以官刑詔冢宰而誅之其足用長財善物者賞之羣都諸采邑也六遂五百家爲鄙五鄙爲縣言縣鄙而六鄉州黨亦存焉乘猶計也財泉穀也用貨賄也物畜獸也辟名詐爲書以空作見文書與實不相應也官刑在司寇五刑第四者○辟名徐芳石反劉芳益反干云不當也畜許又反見賢遍反

疏 掌治至賞之○釋曰宰夫是句考之官故以治法考百官府及羣都縣鄙鄉遂之內治功善惡也言乘計其財用之出入者謂上數處用官物者當乘計其用財之出入知其多少云凡失財用物辟名者謂失官家財及用與物三者而辟名者以官刑詔告冢宰長官誅責之也有足用用之能足長財財又能長善物物又能善如此者賞之○注羣都至四者○釋曰云羣都諸采邑也者謂大都小都家邑三處也云六遂五百家爲鄙五鄙爲縣者遂人文云六鄉州黨亦存焉者六遂在外尚考之六鄉在內考之可知不言者舉外以包內也云乘猶計也者計者筭法乘除之名出於此也云財泉穀也者上九賦斂財賄已釋訖云用貨賄也者案內府云掌受九貢九賦九功之貨賄以待邦之大用故知用中有貨賄也云物畜獸也者案獸人云掌罟田獸辨其名物及春秋獻獸物又牧人云掌牧六牲而阜蕃其物以此知物中有畜有獸也云辟名詐爲書以空作見文書與實不相應也者其人失財用物者則詐爲文書以空物作見在文書與實物不相應是罪人也云官刑在司寇五刑第四者彼司寇掌五刑其四曰官刑上能糾職是也

宰夫考百官府　羣都　縣鄙　之財用　失財用　物　辟名者以官刑詔冢宰誅之　足用　長財　善物

地賞之

惟王不會

歲終則會唯王及后世子之膳不會不會計多少優尊者其須賜諸臣則計之疏歲終至不會○釋曰此膳夫所掌膳羞是其正故世子亦不會至下庖人王及后不會則世子會之彼禽獻是其加故會之○注不會至計之○釋曰依宰夫職會是歲計故云不會計多少云優尊者謂若計則有限尊者有多少若不計則任所用故云不會是優尊者也云其須賜諸臣則計之者經云王及后世子不會則上經肉脩之須賜諸臣則計之可知（后當膳夫）

冢宰 九

十三經注疏 周禮四 天官冢宰 三十

歲終則會唯王及后。之膳禽不會膳禽四時所膳禽獻加世子可以會之疏注膳禽至會之○釋曰上膳夫職所掌者是其正此禽獻者是其加世子可以會故歲終則唯王及后之膳不會世子則會之矣（庖人）

經已……經文之出入共成用入共要小宰疏之歲終則會惟王及后之飲酒不會……疏文言惟王及后不會不云世子以其經與膳禽膳夫后之互則世子亦不會膳禽會之加世子會之經亦當加世子會之

財政

泉府上士四人中士八人下士十有六人府四人史八人賈八人徒八十人鄭司農云故書泉或作錢疏泉府至十人○釋曰在此者案其職云掌以市之征布故與司市連類在此○注鄭司至作錢○釋曰泉與錢今古異名故後鄭引之得通一義

泉府掌以市之征布斂市之不售貨之滯於民用者以其賈買之物楬而書之以待不時而買者賈者各從其抵都鄙從其主國人郊人從其有司然後予之故書滯為癉杜子春云癉當為滯鄭司農云物楬而書之物物為㯉書書其賈楬著其物也不時買者謂急求者也抵故賈也主者別治大夫也然後予之為封符信然後予之玄謂抵實柢字柢本也本謂所屬吏主有司是也○楬音竭抵音帝又都禮反癉音旦又丁左反撊音㦗又會賺反著直略反治直吏反疏泉府至予之○釋曰云掌以市之征布者即上廛人斂布已下之布並入泉府而藏之故摠云征布也云各從其抵者抵謂本主所屬之吏乃付之即都鄙從其主國人郊人是也云都鄙者可兼大小都及家邑云國人者謂住在國城之內即六鄉之民也云郊人者即遠郊之外六遂之民也○注故書至司是○釋曰先鄭云抵故賈也後鄭不從者假令官前買時貴後或賤今依故賈與之即損民故不得依故賈以解抵也先鄭云主者別治大夫也者義或然以其公卿大夫常在王朝其都鄙則遣人治之若季氏費宰公山弗擾之輩天子都鄙蓋亦然先鄭云為封符信然後予之者封符信謂有符信文書皆封題之計買者得主及有司然後賣不須封信文書但於理無害故後鄭不破之也後鄭破抵從柢者經是抵欺之抵故破從木傍柢柢得為本義也云本謂所屬吏主有司是者鄭欲解柢與主有司為一云主有司是也

凡賒者祭祀無過旬日喪紀無過三月鄭司農云賒貰也以祭祀喪紀故從官貰買物疏注鄭司至買物○釋曰先鄭之意以祭祀喪紀二者事大故賒與民不取利

凡民之貸者與其有司辨而授之以國

泉府斂市之征市之不售貨之滯于民用也有害也

泉府與賒貸

因時貸息以本錢至期時併還

凡國之財用取具泉府　歲終則會其出入而納其餘

服爲之息有司其所屬吏也與之別其貸民之物定其賈以與之鄭司農云貸者謂從官借本賈也故有息使民弗利
以其所賈之國所出爲息也假令其國出絲絮則以絲絮償其國出絺葛則以絺葛償玄謂以國服爲之息
以其於國服事之稅爲息也於國事受園廛之田而貸萬泉者則朞出息五百王莽時民貸以治產業者但計贏所得受
息無過歲什一。之貸音待注不出者同別彼列反貸民音吐代反本賈音嫁一音古所賈音古令力呈反償時亮反
疏凡民至之息。釋曰貸者即今之舉物生利與上文不同云與其有司辨而授之者謂別其所授之物以與之云以
國服爲之息者所出之利各以國服而爲息也。注有司至什一。釋曰云有司其所屬吏也者此則上文有司一
也若然此經不言都鄙主者有司中兼之故上注亦云本所屬吏是柢本中兼二者云與之別其貸民之物者但泉府中
所藏之物種類不同欲授民之時先當分別又當定其賈數以與之先鄭以所賈之國所出爲息已下後鄭不從者凡言
服者服事爲名此經以民之服事唯出稅是也則載師云二十而一已下是也是以鄭引載師受園廛之田而貸萬泉者
則朞出息五百萬泉出息五百計當二十而取一若然近郊十一者萬泉朞出息一千遠郊二十而三者萬泉朞出息一
千五百甸稍縣都之民萬泉朞出息二千鄭直云園廛者略舉以言之也云王莽時民貸以治產業者但計贏所得受息
無過歲什一者此則與周少異周時不計其贏所得多少據本徵利王莽時雖計本多少爲定及其徵科唯據所贏多少
假令萬泉歲還贏萬泉徵一千贏
五千徵五百餘皆據利徵什一也
凡國之財用取具焉歲終則會其出入而納其餘會計也納入也入
餘於職幣。會古
外反後
放此
疏凡國至其餘。釋曰云凡國事之財用取具焉者言事謂有司爲國家之事與作用財物者皆來向泉府取
財爲具焉泉府財盡乃於餘府別取焉云歲終則會其出入出謂出府會計用財入謂於廛人斂取絘布已
下云納其餘者若國家來取財不盡而有餘則
納與天官職幣職幣別出與人故云納其餘也

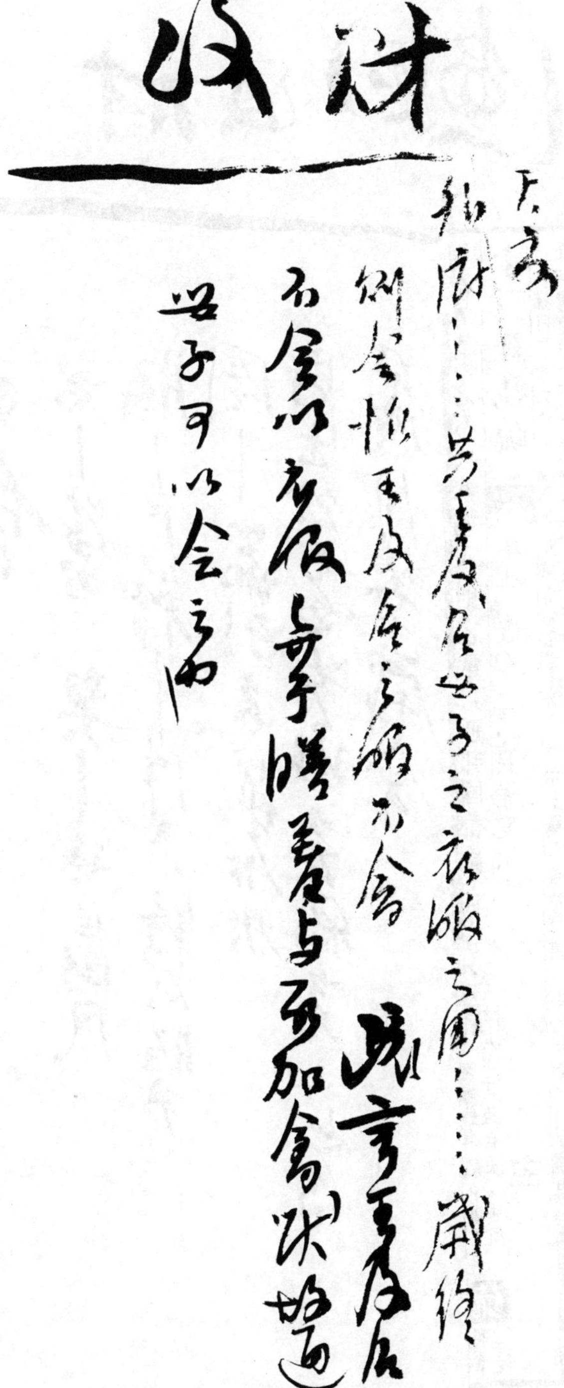

財政（會計）

司會
書—簿書　契—其最凡
版—戶籍—特戶籍作版書
圖—土地形象田地廣狹
財出錢不在時以占物爲之占司
日成月要歲會

司會掌邦之六典八灋八則之貳以逆邦國都鄙官府之治（逆受而鉤考之○會古外反下同治直吏反注同）疏 司會至之治○釋曰云掌六典八灋八則之貳者案大宰云六典治邦國八法治官府八則治都鄙但司會是鉤考之官還以六典逆邦國之治八法逆官府之治八則逆都鄙之治逆皆謂鉤考知得失

十三經注疏　周禮六　天官冢宰下　十二

以九貢之灋致邦國之財用以九賦之灋令田野之財用以九功之灋令民職之財用以九式之灋均節邦

之財用掌國之官府郊野縣都之百物財用凡在書契版圖者之貳以逆羣吏之治而聽其會計郊四郊去國百里野甸稍也甸去國二百里稍三百里縣四百里都五百里書謂簿書契其最凡也版戶籍也圖土地形象田地廣狹疏以九至會計○釋曰言以九貢之法致邦國之財用者九貢即是大宰九貢其所貢之物出於諸侯邦國言之財○用謂諸侯於其民什一取之既取得民物大國貢半次國三之一小國四之一所貢之物皆市取土毛貢於天子則禹貢所云厥篚厥貢是也故云致邦國之財用此即小行人云春令入貢是謂歲之常貢大行人因朝而貢者所貢無常不應使司會致之云以九賦之法令田野之財用此九賦即大宰所云九賦斂財賄是也言法者謂口率出錢多少有其定法令田野之財用者九賦之內惟有關市幣餘國中非田野自外四郊邦甸家稍邦縣邦都山澤盡是田野據多言之故言令田野之財用云以九功之法令民職之財用者九功即是大宰九職之功所稅言之法者亦是稅法什一為常言令民職之財用者以其九職任萬民使之出稅故云令民職之財用云以九式均節邦之財用者九式所以用九賦使均平有節故云均節邦之財用云掌國之官府者案大宰九賦一曰邦中二曰四郊此不言邦中而言官府者以官府在邦中故舉官府以表邦中其實官府不出賦也云郊野縣都之百物財用者以其民之出賦不必皆使出泉以百物當之亦得故大宰云九賦斂財賄則此百物財用一也但九式用九賦大宰均節而用之此司會主鉤考故亦言之矣凡在書契版圖者之貳者此書契版圖下文司書掌其正此司會主鉤考故掌其副貳云以逆羣吏之治者羣吏謂朝廷官府下及郡都縣都羣臣之治皆逆而鉤考之云而聽其會計者謂羣吏以會計文書送於司會者司會皆聽斷之○注郊四至廣狹○釋曰此九式用九賦故以郊野已下依此大宰九賦次第以釋之彼九賦一曰邦中之賦當此官府此郊當彼四郊之賦據遠郊言之故云去國百里郊外曰野大摠之言故此野當彼三曰邦甸去國二百里又當彼四曰家稍故鄭云甸去國二百里稍三百里也此經縣當彼五曰邦縣之賦故云縣四百里此經都即彼六曰邦都之賦故云都五百里云書謂簿書者漢時以簿書記事至於餘物記事亦謂之簿書故舉漢法而言也契其最凡也者此之書契即小宰八成取予以書契之類最凡謂計要之多少以為契要云版戶籍也者漢之戶籍皆以版書之故以漢法況云圖土地形象田地廣狹者下司書云土地之圖有其形象即是民之田地廣狹多少皆在於圖也以參互攷日成以月要攷月成以歲會攷歲成參互謂司書之要貳與職內之入職歲之出故書互為巨杜子春讀為參互○攷音考疏以參至歲成○釋曰以參互考日成者司會鉤考之官以司書之等相參交互考一日之成一日之中計筭文書也以月要考月成者月計曰要亦與諸職參互考一月成事文書也以歲會考歲成者歲計曰會以一歲之會計考當歲成事文書○注參互至為參互○釋曰言參互謂司書之要貳者案司書職云凡稅斂掌事者受法焉及事成則入要貳焉又案職內云掌邦之賦入又案職歲云掌邦之賦出云參互鉤考明知有此三官出內事共鉤考之以周知四國之治以詔王及冢宰廢置周猶徧也言四國者本逆邦國之治亦鉤考以告疏以周至廢置○釋曰周徧也四國謂四方諸侯之國徧知諸侯之治者以是鉤考之官須知諸侯得失以此治職文書以詔王及冢宰有功者幷進而置之有罪者黜退以廢之所詔告及冢宰者以其冢宰者副貳王之治事故并告之○注周猶至以告○釋曰言四國者本逆邦國之治者案上云掌邦之六典以逆邦國之治逆即鉤考也故云亦鉤考以告也

（政）（財）

（附）（食）

太府總貨賄于受用藏之府——藏用以貨賄及之言

貨賄蓋以備王之用其餘以備國之用

貨賄之文雖以穀爲主民所□也貨賄亦

可

太府自有府物又分置之於府

官府謂王朝之三百六十官

都鄙之吏謂三等采

執事謂爲官府辦事之人

邦國謂其國之所職——諸侯國所供食

九賦　給九式
九貢之財待弔用
餘財共玩好
九功之府庫
歲終大府会貨賄出入

大府掌九貢九賦九功之貳以受其貨賄之入頒其貨于受藏之府頒其賄于受用之府九功謂九職也受藏之府若內府也受用之府若職內也凡貨賄皆藏以給用耳良者以給王之用其餘以給國之用或言受藏或言受用又雜言貨賄皆互文○藏才浪反注受藏言受藏同疏大府至之府○釋曰言掌九貢九賦之貳者大宰掌其正此官掌其副貳者以其物入大府故也九功之貳者謂九職之功大宰以九職任之成孰斂其稅則是九功也亦大宰掌其正物入大府故亦掌其副貳也云以受其貨賄之入者九貢謂諸侯九貢自然有金玉曰貨布帛曰賄九賦謂畿內之九賦口率出泉九職如三農園圃之類亦有不出貨賄者皆言受其貨賄之入者雖以泉穀爲主民欲得出貨賄者則取之以當邦賦之數故大宰云九賦斂財賄是其不要取泉也頒其貨于受藏之府者言大府雖自有府其物仍分置於衆府受藏之府者鄭云謂若內府是也頒其賄於受用之府者鄭云謂若職內是也○注九功至互文釋曰九功謂九職也者以其九職任萬民謂任之使有職事故大宰云九職大府斂貨賄據成功言之故云九功其本是一故云九功九職也云受藏之府若內府也者以其經云頒其貨于受藏之府金玉曰貨物之善者藏之於內府近王掌之以給王用故也云受用之府若職內也者府不在內經云頒其賄于受用之府賄賤於貨故知入職內以給國家所用云凡貨賄皆藏以給用耳者鄭欲以藏用互文貨言藏者以其善物賄言用者以其賤物其實皆藏皆用故言凡貨賄皆藏以給用耳云良者以給王之用者覆解入內府意云其餘以給國之用者覆解入職內意云或言受藏或言受用又雜

言貨賄皆互文者言受藏謂內府言受用謂職內皆藏以給用言藏亦用言用亦藏是互文也雜言貨賄者言貨兼有賄言賄亦兼有貨亦是互文但二者善惡不同故別言之耳凡官府都鄙之吏及執事者受財用焉疏凡官至用焉○釋曰言凡官府者謂王朝三百六十官有事須用官物者云都鄙之吏者謂三等采地吏謂羣臣等有事須取官物者及執事者謂爲官執掌之事須有營造合用官物者皆

來於大府處受財用焉

凡頒財以式灋授之關市之賦以待王之膳服邦中之賦以待賓客四郊之賦以待稍秣家削之賦以待匪頒邦甸之賦以待工事邦縣之賦以待幣帛邦都之賦以待祭祀山澤之賦以待喪紀幣餘之賦以待賜予待猶給也此九賦之財給九式者膳服即羞服也稍秣即芻秣也謂之稍稍用之物也喪紀即喪荒也賜予即好用也鄭司農云幣餘使者有餘來還也玄謂幣餘占賣國之斥幣。秣音末好呼報反下同使色吏反斥音尺徐蚩柘反疏凡頒至賜予。釋曰言凡頒財者大宰云九賦斂財賄九式用之此大府頒與九式用之但事相因故二處別言九賦之物也此所頒之財即大宰斂財賄一也云以式灋授之者謂以舊法式多少授與九式故云以式法授之云關市之賦以待王之膳服者自此已下並與九式事同但文有交錯與九賦不次案九賦先邦中之賦次四郊次邦甸次家稍次邦縣次邦都次關市次山澤次幣餘此先言關市在邦中上此家稍又在邦甸上所以次第不同者見事起無常。注待猶至斥幣。釋曰云待猶給也者謂大宰斂得九賦之財給九式之用待來則給之故云待猶給非是訓待爲給云此九賦之財給九式者以其此經九事與大宰九式相當此九賦又與大宰九賦一也故云九賦之財給九式也云膳服即羞服也者此言膳服大宰九式云羞服膳羞是一故云膳服即羞服也自此已下事與九式是一但文有不同皆就九式合而解之故云稍秣即芻秣也謂之稍稍用之物也者彼九式云芻秣此改芻爲稍以其稍稍用之故也此云喪紀即九式喪荒一也此云賜予即九式好用一也鄭司農云幣餘使者有餘來還也者案大宰司農注幣餘百工之餘與此注不同者蓋是司農互舉以相足後鄭不從者聘使之物禮數有限何得有餘來還又且有餘來還何得有賦故後鄭不從玄謂幣餘占賣國之斥幣者從鄭之意百官所用官物不盡歸入職幣職幣得之不入本府恐久藏朽蠹則有人占賣依國服出息謂之斥幣者

凡邦國之貢以待弔用此九貢之財所給也給弔用給凶禮之五事

凡萬民之貢以充府庫此九職之財充猶足疏凡邦至府庫。釋曰上文大府掌九貢九賦九功受得三者之財各各用之上文九式已用九賦之財訖故此云邦國之九貢以待給於弔用下文萬民之貢以充府庫即上九功也。注此九貢至五事。釋曰云給凶禮之五事者案大宗伯云凶禮哀邦國之事下云有喪禮荒禮弔禮襘禮恤禮五禮皆須以財貨哀之故云給凶禮之五事。注此九職至猶足。釋曰知此萬民之貢是九職者案大宰云九職任萬民此上文又云九功此貢即是九職之功所稅故知此是九職之財也案大行人六服諸侯因朝所貢之物與大宰九貢歲之常貢雖曰時節不同貢物有異要六服之貢與九貢多同亦入弔用之數又且九貢言入弔用九賦言入九式有餘財亦入府庫是以上文掌九貢九賦受其貨賄頒於受藏受用之府也

凡式貢之餘財以共玩好之用謂先給九式及弔用足府庫而有餘財乃可以共玩好明玩好非治國之用言式言貢互文疏凡式至之用。釋曰式謂九式貢謂九貢及萬民之貢有餘財以供玩好器物之用。注謂先至互文。釋曰經言餘財明知先給九式及弔用足府庫之餘也經言式貢者式即上文九賦之財給九式之餘也貢即上文邦國之貢及萬民之貢也言式言貢互文者式謂九賦貢謂九貢及萬民之貢但賦言式據用而言其實亦有賦貢據貢上爲名亦有用故云互文也

凡邦之賦用取具焉賦用用賦疏凡邦至具焉。釋曰上有九貢九賦九功此特言賦明兼有九貢九功亦取具焉

歲終則以貨賄之入出會之疏歲終至會之。釋曰貨賄之入者謂九貢九賦九功入來至大府言出者大府以貨賄分置於衆府及給九式之用亦是至歲終摠會計之

財政

王庸峯先生之全玉
一班賢將
一点兴不
只以所費不訥
皆或費於財所作
玉陽精一大精　珠璣精
敬服〈美其西所筆
并有句服
魏晉容二義
寶敬
今謝矣　劉生再　所求言　獻之　珠璣擊咸集
并尺牘雅執之　敬事所大國生之　謝矣
札與咀咐大國人我存執女國

玉府掌王之金玉玩好兵器凡良貨賄之藏良善也此物皆式貢之餘財所作其不良又有受而藏之者。好呼報反及內府皆同藏才浪反注同 疏 玉府至之藏。釋曰云掌王之金玉玩好兵器者言玉府以玉爲主玉外所有美物亦兼掌之。注良善至之者。釋曰言此物皆式貢之餘財所作者案上大府云式貢之餘財以共玩好之用彼玩好之中兼有金玉兵器故知式貢餘財也云其不良又有受而藏之者即上大府云受藏受用之府是也

共王之服玉佩玉珠玉佩玉者王之所帶者玉藻曰君子於玉比德焉天子佩白玉而玄組綬詩傳曰佩玉上有蔥衡下有雙璜衝牙蠙珠以納其間鄭司農云服玉冠飾十二玉。蠙劉薄田反徐音頻一音父賓反 疏 注佩玉至二玉。釋曰佩玉者王之所帶者謂佩於革帶之上者也玉藻曰君子於玉比德焉者詩云言念君子溫其如玉是比德於玉引此者證王必服玉之意云天子佩白玉而玄組綬者此亦玉藻文所佩白玉謂衡璜琚瑀玄組綬者用玄組條穿連衡璜等使相承受引詩傳曰謂是韓詩佩玉上有蔥衡者衡橫也謂蔥玉爲橫梁下有雙璜衝牙者謂以組懸於衡之兩頭兩組之末皆有半璧曰璜故曰雙璜又以一組懸於衡之中央於末著衝牙使前後觸璜故言衝牙。案毛詩傳衝璜之外別有琚瑀其琚瑀所置當於懸衝牙組之中央又以二組穿於琚瑀之內角斜繫於衡之兩頭於組末繫於璜云蠙珠以納其間者蠙蜯也珠出於蜯故言蠙珠納其間者組繩有五皆穿珠於其間故云以納其間鄭司農云服玉冠飾十二玉者案弁師掌五冕袞冕十二旒鷩冕九旒毳冕七旒絺冕五旒玄冕三旒皆十二玉冕則冠也弁師又有皮弁韋弁冠弁亦皆十二玉故云冠飾十二玉也

王齊則共食玉玉是陽精之純者食之以禦水氣鄭司農云王齊當食玉屑 疏 王齊則共食玉。釋曰謂王祭祀之前散齊七日致齊三日是時則共王所食玉屑。注玉是至玉屑。釋曰知玉是陽精之純者但玉聲清清則屬陽又案楚語云王孫圉與趙簡子言曰玉足以庇蔭嘉穀使無水旱之災則寶之珠足以禦火。則寶之服氏云珠水精足以禁火如是則玉是火精可知云食之以禦水氣者致齊時居於路寢思其笑語思其志意之類恐起動多故須玉以禦水氣也鄭司農云王齊當食玉屑者其玉屑研之乃可食故云當食玉屑也

大喪共含玉復衣裳角枕角柶角枕以枕尸鄭司農云復招魂也衣裳生時服招魂復魄于太廟至四郊角柶角七也以楔齒士喪禮曰楔齒用角柶楔齒者令可飯含玄謂復於四郊以綏。含戶暗反枕尸之鴆反楔先結反令力呈反飯扶晚反 疏 大喪至角柶。釋曰大喪謂王喪共含玉者含玉璧形而小以爲口實此不言贈玉飯玉者文不備復衣裳者王始死招魂復魄之衣裳不在司服者司服所掌是尋常衣服玉府所掌皆王之美物其衣服美者亦玉府掌之但所復衣裳用死者上服故玉府供之角枕者所以枕尸角柶者將以楔齒。注角枕至以綏。釋曰鄭司農云復招魂也者人之死者魂氣上歸於天形魄仍在欲招取其魂復於魄內故離騷有招魂篇云招魂復魄于大廟至四郊者王有七廟及寢皆復焉儀禮言太廟語雖不足義猶可又言至四郊後鄭

上于古曰獻　上于下　下于上及敵者曰饋

不從之云角柶角匕也者案既夕禮楔貌如軛上兩末狀如柶杷拔囷中央楔齒玄謂復於四郊以綏者案夏采云以冕服復於太廟以乘車建綏復於四郊故鄭云復於四郊以綏言此者破先鄭於四郊亦以衣服

掌王之燕衣服衽席牀笫凡褻器燕衣服者巾絮寢衣袍襗之屬皆良貨賄所成笫簀也鄭司農云衽席單席也褻器清器虎子之屬○衽而甚反又而鴆反笫側美反徐側敏反襗劉音澤徐待各反簀音責

疏掌王至褻器○釋曰言掌王之燕衣服者謂燕寢中所有衣服之屬衽席者亦燕寢中臥席牀笫者謂燕寢中牀簀也凡褻器者亦謂燕寢中以燕字爲目衣服已下至褻器皆是燕○注燕衣至之屬○釋曰云燕衣服者巾絮者案内則左佩紛帨紛帨即巾也又婦事舅姑佩有線纊此絮則纊也云寢衣者論語鄉黨云必有寢衣長一身有半鄭注云今小臥被是也又言袍襗之屬者案毛詩云豈曰無衣與子同袍與子同襗是也言之屬者寢衣之内所言不盡故言之屬以廣之云皆良貨賄所成者見上六云凡良貨賄之藏故知此良貨賄所成鄭司農云衽席單席也者案曲禮云請衽何趾鄭注云衽臥席又案斯干詩云下莞上簟内則云斂枕篋簟席襡器而藏之司農云單席則臥之簟席云褻器清器虎子之屬者既在燕寢之中私褻之器故知清器虎子之屬案内豎及葬執褻器以從遣車彼褻器振飾纇沐之器彼褻器與此注不同彼從葬於死者不用清器故爲纇沐之器

若合諸侯則共珠槃玉敦敦槃類珠玉以爲飾古者以槃盛血以敦盛食合諸侯者必割牛耳取其血歃之以盟珠槃以盛牛耳尸盟者執之故書珠爲夷鄭司農云夷槃或爲珠槃玉敦歃血玉器○敦音對徐丁雷反注同盛音成下同歃色洽反徐霜臘反

疏若合至玉敦○釋曰合諸侯者謂時見曰會若司儀所云爲壇十有二尋王與諸侯殺牲歃血而盟則供珠槃玉敦○注敦槃至玉器○釋曰言敦槃類者按明堂位有虞氏之兩敦鄭玄云制之異同未聞此云槃類者以經云玉敦與珠槃相將之物故云槃類其制猶自未聞也云珠玉以爲飾者此槃敦應以木爲之將珠玉爲飾耳云古者以槃盛血以敦盛食者案特牲少牢皆敦盛黍稷以槃盛血雖无文郊血及血以告殺當以槃盛血也云合諸侯者必割牛耳取其血歃之以盟珠槃以盛牛耳者祭祀之時有黍稷故敦中盛黍稷今盟無黍稷敦中宜盛血牛耳宜在槃云尸盟者執之者案左氏哀公十七年公會齊侯盟于蒙孟武伯問於高柴曰諸侯盟誰執牛耳季羔曰鄫衍之役吳公子姑曹發陽之役衛石魋武伯曰然則彘也注云彘武伯名也魯於齊爲小國故曰彘也是盟小國執牛耳尸猶主也小國主盟故使執牛耳也知此珠槃玉敦爲盟而設者案戎右云盟則以玉敦辟盟遂役之替牛耳桃茢彼注云役之者傳敦血授當歃者割牛耳取血助爲之及血在敦中以桃茢沸之是以知珠槃玉敦爲盟而設若然執牛耳是小國尸盟者也若以歃血則大國在先故哀公十七年吳晉爭先國語曰吳公先歃晉亞之旣言爭先是以知大國當在先若諸侯相與盟則大國戎右執牛耳也

凡王之獻金玉兵器文織良貨賄之物受而藏之謂百工爲王所作可以獻遺諸侯古者致物於人尊之則曰獻通行曰饋春秋曰齊侯來獻戎捷尊魯也文織畫及繡錦○織音志一音至又如字爲于僞反遺雅季反下同

疏凡王至藏之○釋曰言凡王之獻金玉者謂金玉已下皆是擬王獻遺諸侯故云受而藏之○注謂百至繡錦○釋白云謂百工爲王所作者謂金玉已下皆是百工爲王所作者可以獻遺諸侯也云古者致物於人尊之則曰獻者名正法上於下曰饋下於上曰獻若尊敬前人雖上於下亦曰獻是以天子於諸侯云獻案月令后妃獻繭鄭注謂獻於后妃知此王之獻金玉非是獻金玉於王者案下内府職凡四方之幣獻之金玉彼是諸侯獻王入内府藏之不得在此故知金玉是獻遺諸侯者也況諸侯中兼有二王之後二王之後王所尊敬自然稱獻也若王肅之義取家語曰吾聞之君取於臣曰取與於君曰賜臣

取於君曰取與於君謂之獻以此難鄭君鄭君弟子馬昭之等難王肅禮記曰尸飲五君洗玉爵獻卿況諸侯之中有二王之後何得不云獻也云通行曰饋者言通行者上於下下於上及平敵相於皆可云饋康子饋藥陽貨饋孔子豚皆是上於下曰饋膳夫職云王饋用六穀及少牢特牲稱饋食之禮並是於尊者曰饋朋友之饋雖車馬不拜是平敵相饋故鄭云通行曰饋春秋曰齊侯來獻戎捷尊魯也者案莊公三十一年公羊云齊侯來獻戎捷齊大國也曷爲親來獻戎捷威我也左傳云非禮也凡諸侯有四夷之功則獻于王中國則否穀梁云齊侯來獻捷者內齊侯也注云泰曰齊桓內救中國外攘夷狄親倚之情不以齊爲異國故不稱使若同一國也然三傳皆不解獻義今鄭引者以齊大國專言來獻明尊之則曰獻未必要卑者於尊乃得言獻

凡王之好賜共其貨賄

疏 凡王至貨賄○釋曰此謂王於羣臣有恩好因燕飲而賜之貨賄者也

財政

内府掌受九貢九賦九功之貨賄良兵良器以待邦之大用大用朝覲之頒賜疏内府至大用○釋曰掌受九貢九賦九功者此九貢以下而言受案彼大府所云九貢已下頒之於受藏之府是也即是注云受藏之府若内府也則此九貢等由大府而來内府皆受藏之也云良兵良器者此是冬官百工所作亦由大府而來良兵謂弓矢殳矛戈戟五兵之良者良器謂車乘及禮樂器之善者云以待邦之大用者謂諸侯來朝覲所頒賜者也○注大用至頒賜○釋曰掌給九式及弔用是大府所給也玩好之用玉府所給也此又言以待邦之大用明是朝覲頒賜可知凡四方之幣獻之金玉齒革兵器凡良貨賄入焉諸侯朝覲所獻國珍疏凡四至入焉○釋曰云凡四方之幣獻者謂四方諸侯來朝覲及遣卿大夫來聘問將幣三享貢獻珍異

有此金玉及齒革之等金者謂若禹貢惟金三品之類玉者謂若禹貢球琳琅玕之類齒謂若象牙之類革謂若犀皮之
類兵器者禹貢無貢兵器之法此周時有之凡良貨賄其不良者入於職内給國之用此良者入内府以給王之用○注
諸侯至國珍○釋曰諸侯朝聘所獻國珍者覲禮所云一馬卓上九馬隨之龜金竹箭分爲三享是也諸侯遣臣聘所獻
國珍者謂若聘禮束帛加璧庭實乘皮之等是也此因朝聘而貢先入於掌貨賄入其要於大府乃始適之於内府也

凡適四方使者共其所受之物而奉之王所以遺諸侯者○使所吏反疏凡適至奉之○釋曰言凡適四方使者謂使公卿大夫聘問諸侯者大行人所云間問省㸓之
等共其所受之物謂使者受將行之物則内府奉而與之○注王所至侯者○釋曰即上王之獻金玉兵器已下是也彼據藏之此據用之

凡王及冢宰之好賜予則共之冢宰待四方賓客之小治或有所善亦賜予之治直吏反疏注冢宰至予之○釋曰云冢宰待四方賓客之小治者大宰職文云凡邦之小治則冢宰專平之以其冢宰貳王治事或有所善亦得賜予之云所善釋經中好也

附以

要月會歲計之情形

小宰職

宰夫八職

財政

司會

天官冢宰下司會至職幣

歲計之三年大計則

太宰以八法治官府

財以

太宰以九式均節財用

以九式均節財用一曰祭祀之式二曰賓客之式三曰喪荒之式四曰羞服之式五曰工事之式六曰幣帛之式七曰芻秣之式八曰匪頒之式九曰好用之式式謂用財之節度荒凶年也羞飲食之物也工作器物者幣帛所以贈勞賓客者芻秣養牛馬禾穀也鄭司農云匪分也頒讀爲班布之班謂班賜也玄謂王所分賜羣臣也好用燕好所賜予○羞服干云羞飲食也服車服也服或作膳芻初俱反頒鄭音班徐音墳好呼報反注同勞力報反疏以九至之式○釋曰云以九式均節財用者式謂依常多少用財法式也○一曰祭祀之式者謂若大祭次祭用大牢小祭用特牲之類○二曰賓客之式者謂若上公饔餼九牢飧五牢五積之類○三曰喪荒之式者喪謂若諸侯諸臣之喪含襚贈奠賻賵之類王家之喪所用大非此所共也荒謂凶年穀不孰有所施與也○四曰羞服之式者謂王之膳羞衣服所用也○五曰工事之式者謂百工巧作器物之法○六曰幣帛之式者謂若贈勞賓客也○七曰芻秣之式者謂牛馬禾穀也○八曰匪頒之式者謂若分賜羣臣也○九曰好用之式者燕好所施予也此九者亦依尊卑緩急爲先後之次也○注式謂至賜予○釋曰云荒凶年也者曲禮云歲凶年穀不登是凶年也云羞飲食之物也者謂若膳夫飲用六淸食用六穀醬用百有二十等之類云工作器物者若考工所作器物也云幣帛所以贈勞賓客者謂若司儀職上公三問三勞之等皆有束帛聘禮賄用束紡云芻秣養牛馬禾穀者謂若聘禮致饔餼芻禾之等也云玄謂王所分賜羣臣者就足司農班賜之義也云好用燕好所賜予者以其言好則知是燕飲有所愛好自因歡樂則有賜予也

財

獻民穀數天府藏之
禄之言穀
軒轅十七星文昌宮六星
武陵太守星傳石氏星傳

若祭天之司民司禄而獻民數穀數則受而藏之司民軒轅角也司禄文昌第六星或曰下能也禄之言穀也年穀登乃後制禄祭此二星者以孟冬既祭之而上民穀之數於天府。數穀數上所主反下所具反下能他來反上時掌反疏若祭至藏之。釋曰此主祭祀者祭天之司民司禄在孟冬之時則主民之吏獻民數穀數則小司寇受而獻之於王王得之登於天府受而藏之。注司民至天府。釋曰云司民軒轅角也者案武陵大守星傳云軒轅十七星如龍形有兩角角有大民小民傳又云文昌宮有六星第一爲上將第二爲次將第三爲貴相第四爲司命第五爲司中第六爲司禄是其司民在軒轅角司禄在文昌第六星也或曰下能也者此案石氏星傳云上能司命爲大尉中能司中爲司徒下能司禄爲司寇是司禄在下能也以其二處並有司禄故舉二文以見義也云禄之言穀也年穀登乃後制禄言此者欲見祭司禄在孟冬則制禄之意也鄭知祭此二星在孟冬者見月令孟冬云祈來年於天宗即日月星是知祭在孟冬也其獻穀數者則小司寇職也

周官天府

財政

歲會

歲終則令正要會定計簿。簿步古反

疏　注定計簿。釋曰定計簿者年終將考之故也

攻財

秋七月殺子西子期于朝而劫惠王子西以袂掩面而死慙於葉公○劫居業反袂彌世反子期曰昔者吾以力事君不可以弗終抉豫章以殺人而後死以效其多力豫章大木○抉烏穴反石乞曰焚庫弒王不然不濟白公曰不可殺王不祥焚庫無聚將何以守矣乞曰有楚國而治其民以敬事神可以得祥且有聚矣何患弗從葉公在蔡蔡遷州來楚并其地○聚才住反下同方城之外皆曰可以入矣子高曰吾聞之以險徼幸者其求無饜偏重必離險猶惡也所求無饜則不安譬如物偏重則離敗欲須其斃而討之○徼古堯反饜於豔反聞其殺齊管脩也而後入管脩楚賢大夫故齊管仲之後聞其殺賢知其可討白公欲以子閭為王子閭平王子啓五辭王者子閭不可遂劫以兵子閭曰王孫若安靖楚國匡正王室而後庇焉啓之願也敢不聽從若將專利以傾王室不顧楚國有死不能不能從○庇必利反又音祕遂殺之而以王如高府高府楚別府

哀十六

財政

之富

貢侃侃如也者侃侃和樂之皃子樂者以四子各盡其自然之性故喜樂也若由也不得其死然者然猶焉也言子路以剛必不得其以壽終焉 魯人爲長府閔子騫曰仍舊貫如之何何必改作 鄭曰長府藏名也藏財貨曰府仍因也貫事也因舊事則可也何乃復更改作 子曰夫人不言言必有中 王曰言必有中者善其不欲勞民改作 疏魯人至有中。正義曰此章重於勞民也魯人爲長府者藏財貨曰府長其藏名也爲作也言魯人新改作之也閔子騫曰仍舊貫如之何何必改作者子騫見魯人勞民改作長府而爲此辭仍因也貫事也言因舊事則亦可矣何必乃復更改作也子曰夫人不言言必有中者孔子聞子騫之言而善之也夫人謂子騫言夫此人其唯不言則已若其發言必有中於理此言何必改作是中理之言也善其不欲勞民故以爲中。注鄭曰至改作。正義曰云長府藏名者言魯藏財貨之府名長府也云藏財貨曰府者布帛曰財金玉曰貨周禮天官有大府爲王治藏之長玉府掌王之金玉玩好內府主良貨賄藏在內者外府主泉藏在外者是藏財貨曰府府猶聚也言財貨之所聚也仍因貫事皆釋詁文

先進

以財

弒其君夷是也孟子曰不信仁賢則國空虛無禮義則上下亂無政事則財用不足不親信仁賢仁賢去之國無賢人則曰空虛也無禮義以正尊卑則上下之敘泯亂無善政以教人農時貢賦則不入故財用有所不足故也疏正義曰此章言親賢正禮明其五教爲政之源聖人以三者爲急也孟子言人君不親信仁賢則仁賢去之仁賢去則國無賢人是爲空虛之國也無禮義以正尊卑則上下之序泯亂無政事以理財則財用乏而不足蓋禮義由賢者出政事由賢者出不信仁賢則禮義不興禮義不興則政事不行而國之財用於是乎不足此孟子言之亦

財政

八日孫忠乃以本會中宗前

（手啓）本會設計部將於月計呈報

歲計自會始寧夫[illegible]全年

去歲全月經則全正月要

附攷

字負人責

盲從手民

後書之外

文具

書刀

考工記築氏為削注今之書刀

文牒

人稟之數書於牒

左昭廿五夏，會於黄父、、趙簡子令諸侯之大夫

輸王粟，具戍人、、、宋樂大心、、、受牒而退　疏

廿、、、宋之所出人粟之數書之於牒

第飭[illegible]ㄟㄟ方　令

右昭五ㄟ鄭伯如晉公孫段相ㄟㄟㄟ晉侯ㄟㄟ授之以策

曰子豐段之父有勞於晉國余聞而弗忘賜女州田以

胙乃舊勳ㄟ伯石再拜稽首受策以出ㄟ注ㄟ策端ㄟ

令ㄟㄟ方ㄟ

文身

貴皙者之標記

左襄十七澤門之皙率以乗子罕子罕……

別而稱之疏宋以貴皙者之標記而成

執之以示子之罕之別其言而后稱之所地知

文具

筆

爾雅釋器不律謂之筆

二九日

畢

丙足杯器簡記之畢

疏引字記中其

佰畢

附文具

法律

舉事以時則人不傷勞。桓公曰。寡人聞仲父之言。此三者聞命矣。不敢擅也。將薦之先君。（不敢專擅自發此命將進之宗廟告先君而後行所謂以神道設教者也）於是令百官有司削方墨筆。（方謂版牘也凡此欲書其所定令也）明日皆朝於太廟之門。朝定令於百吏。（因朝廟而定百吏之令也）使稅者百一鍾。（假令百石而取一鍾）孤幼不刑。澤梁時縱。（放人入不設禁）關譏而不征。市書而不賦。（書謂錄其名籍）近者示之以忠信。遠者示之以禮義。行此數年而民歸之如流水。

管子霸形

文具

戰國策 11 1上 2下

又、

契

秀亨、咸豐綫閘領契文契凡稅價多寡
契尾有信票當有憑據本即當本截一契
截線契以多寡憲遠不同分為二截換
一截給時合之驗對節也

負

衛[illegible]甫

國語五、二下

文具

雖曰不可，必將許之言雖知兵不得久弭今不可不許。○菑音災弗許，楚將許之以召諸侯，則我失爲盟主矣。晉人許之。如楚，楚亦許之。如齊，齊人難之。陳文子曰：晉楚許之，我焉得已。且人曰弭兵而我弗許，則固攜吾民矣，將焉用之。齊人許之。告於秦，秦亦許之。皆告於小國，爲會於宋。

○宋左師請賞，曰：請免死之邑。欲宋君稱功加厚賞故讓言免死之邑也疏樂以至可乎。正義曰印段賦蟋蟀義取好樂無荒即不淫也好樂則用樂以安民也其使民也又不淫以使之民皆愛之守位必固在人後亡不亦可乎。注欲宋君稱功無之邑也。正義曰服虔云向戌自以止兵民不戰鬭自矜其功故求免死之賞也如服此言免死謂止兵不鬭民免死也杜以爲謙則向戌自以爲已免死也若使計謀不當則罪合死自矜其功言己得免死故請賞邑也公與之邑六十，以示子罕。子罕曰：凡諸侯小國，晉楚所以兵威之。畏而後上下慈和，慈和而後能安靖其國家，以事大國，所以存也。無威則驕，驕則亂生，亂生必滅，所以亡也。天生五材，金木水火土也民並用之，廢一不可，誰能去兵？兵之設久矣，所以威不軌而昭文德也。聖人以興，謂湯武。○去起呂反下皆同亂人以廢，謂桀紂廢興存亡昏明之術，皆兵之由也。而子求之，不亦誣乎？以誣道蔽諸侯，罪莫大焉。縱無大討，而又求賞，無厭之甚也。削而投之。削賞左師之書。敝必世反徐亡世反服虔王肅董遇並作弊婢世反云踣也厭於鹽反徐於廉反疏廢興至諸侯。正義曰言之術者謂德刑禮義是興存盛明之法術也驕淫發虐是廢亡昏闇之法術也皆兵之由者謂皆畏懼此兵行善不行惡畏之則興不畏則亡故云皆兵之由也言不亦誣乎者謂廢興存亡悉皆由兵向戌之意以廢興存亡不須用兵是實須而誣罔云不須故云不亦誣乎服虔曰斃踣也一曰罷也則知服本作斃王肅董遇本皆作蔽謂以誣人之道掩諸侯也杜本作蔽當如王董爲蔽掩之也。削而投之。正義曰宋公賞邑書之於札向戌執之以示子罕子罕削其字而又投之於地也向戌初謀此事子罕不即止之而至此始怒者蓋初謀子罕不知或子罕初亦不覺久思乃知其非也左師辭邑。向氏欲攻司城，司城子罕左師曰：我將亡，夫子存我，德莫大焉，又可攻乎？君子曰：彼己之子，邦之司直。詩鄭風司主也。○己音記樂喜之謂乎。樂喜子罕也善其不阿向戌何以恤我，我其收之。逸詩恤憂也收取也向戌之謂乎。善向戌能知其過

文 貝

內史當以策命

凡命諸侯及孤卿大夫則策命之鄭司農說以春秋傳曰王命內史興父策命晉侯爲侯伯策謂以簡策書王命其文曰王謂叔父敬服王命以綏四國糾逖王慝晉侯三辭從命受策以出○父音甫逖吐厤反慝吐得反

疏凡命至命之○釋曰周法爵及士餘文更不見命士之法明士亦內史命之不言者以其賤畧之也○注鄭司至以出○釋曰此事見僖二十八年左氏傳以晉文公敗楚於城濮王命爲侯伯之長按曲禮云大國曰伯父州牧曰叔父晉旣大國而云叔父者王以州牧之禮命之故也

（春官）（內史）

[redacted]

方即借前一牘

[redacted]

王制祿則賛爲之以方出之賛爲之爲之辭也鄭司農云以方出之以方版書而出之上農夫食九人其次食八人其次食七人其次食六人下農夫食五人庶人在官者其祿以是爲差諸侯之下士視上農夫祿足以代其耕也中士倍下士上士倍中士下大夫倍上士卿四大夫祿君十卿祿杜子春云方直謂今時牘也玄謂王制曰王之三公視公侯卿視伯大夫視子男元士視附庸○食音似下同牘音獨

疏注賛爲至附庸○釋曰先鄭云上農夫已下皆禮記王制文按彼所釋凡地有九等按遂人注有夫有婦乃成家自二人以至十人爲九等則地有上上上中上下中上中中中下下上下中下下若然上上地之中有上上之地食十人上中食九人今言上農夫食九人不言上上食十人者欲取下士食九人祿與上中之地食九人同故據上中已下而言也云其次食八人據上下之地云其次食七人者據中上之地云其次食六人者據中中之地云其次食五人者據中下之地又不言下上之地食四人以下者欲見八人以下至五人有四等當庶人在官者有府史胥徒其祿以是爲差故不言四人以下也若然則府食八人史食七人胥食六人徒食五人故云庶人在官者其祿以是爲差也云諸侯之下士視上農夫祿足以代其耕也者欲見從下士以上祿轉多故以此爲本以增之杜子春云方直謂今時牘也者古時名爲方漢時名爲牘故舉以說之玄謂王制曰已下以先鄭不言者故引之以增成其義欲見此經所云據王臣爲本故先鄭後鄭內外兼見

賞賜亦如之疏賞賜亦如之○釋曰此謂王以恩惠賞賜臣下之祿亦以方書賛爲之辭按司勳職凡賞無常輕重視功功多則多功少則少耳

之具

造筆不始蒙恬一角竹筆

一

陔餘叢考[redacted]十九

文具

紙乃古字但非今之紙也

說文釋例卷三紙字案見

一

印刷之始

據材[illegible]

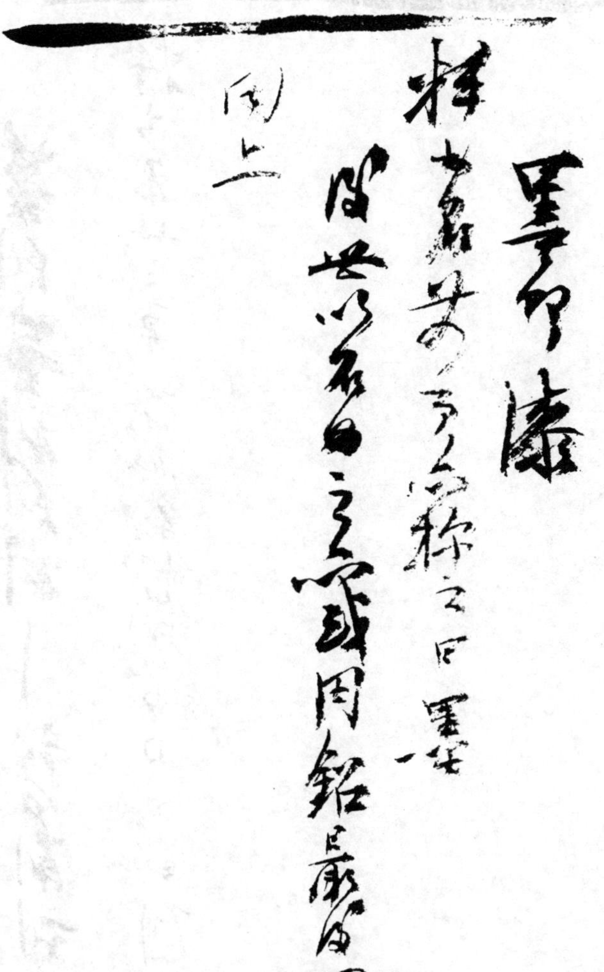

華則華刺則刺——論以前刻之者誤

擇本[illegible]廿三夏[illegible]著[illegible]日[illegible]

文具

[illegible]

一 校讀學林卷四 釋史

此篇與前篇蓋舊稿

文具

巨鉅虡　鉅讀曰

說文丵部業大版所以巨業飾縣栒樴

一本作所以飾縣鐘鼓　捷業如鋸齒以白畫之……

然業古文虡篆文作虡

說文虡作鉅或作巨蓋三字皆

巨與鉅同也星字出義曰鉅竹字

證之以星字鉅業蓋從以字無一典

15

文具

竹木与帛

古者大事書之于册，小事簡牘而已。聘禮記：百名以上書于册，不及百名書于方。古用竹木，簡牘用

帛著録于秦以前，名縑帛，初有録

書以鉛槧，作為筆以御石墨，方法未立

沜

非以漆書，古代所未有，可證于此。世言多廿卷

隱據秦以後之言之

說文後著于竹帛

謂之竹帛段注

文字

劉方墨卿

管子霸朝破萬於是今日友有劉方墨卿做口號

朝手太廟之所門朝堂今在何處

文具

以諸侯兼官無內史故也鄭公孫黑強與熏隧之盟使大史書其名齊大史書崔杼弒其君晉大史書趙盾弒其君是知諸侯大史主記事也南史聞大史盡死執簡以往明南史是佐大史者當是小史也若然襄二十三年傳稱季孫召外史掌惡臣言外史則似有內史矣必言諸侯無內史者閔二年傳稱史華龍滑與禮孔曰我大史也文十八年傳稱魯有大史克哀十四年傳稱齊有大史子餘諸國皆言大史安得有內史也季孫召外史者蓋史官身居在外季孫從內召之故曰外史猶史居在南謂之南史耳南史外史非官名也藝文志云古之王者世有史官君舉必書所以慎言行昭法戒左史記言右史記事事爲春秋言爲尚書帝王靡不同之禮記玉藻云動則左史書之言則右史書之雖左右所記二文相反要此二者皆言左史右史周禮無左右之名得稱左右者直是時君之意處之左右則史掌之事因爲立名故傳有左史倚相掌記左事謂之左史左右非史官之名也左是陽道陽氣施生故令之記動右是陰道陰氣安靜故使之記言藝文志稱左史記言右史記動誤耳上言魯史記則諸侯各有史可知又言諸侯各有國史者方說諸侯各有春秋重詳其文也

大事書之於策○策本又作筴同初革反**小事簡牘**

而已○牘徒木反　**疏**　大事至而已○既言尊卑皆有史官又論所記簡策之異釋器云簡謂之畢郭璞云今簡札也許慎說文曰簡牒也牘書版也蔡邕獨斷曰策者簡也其制長二尺短者半之其次一長一短兩編下附鄭玄注中庸亦云策簡也由此言之則簡札牒畢同物而異名單執一札謂之爲簡連編諸簡乃名爲策故於文策或作冊象其編簡之形以其編簡爲策故言策者簡也鄭玄注論語序以鉤命決云春秋二尺四寸書之孝經一尺二寸書之故知六經之策皆稱長二尺四寸蔡邕言二尺者謂漢世天子策書所用故與六經異也簡之所容一行字耳牘乃方版版廣於簡可以並容數行凡爲書字有多有少一行可盡者書之於簡數行乃盡者書之於方方所不容者乃書於策聘禮記曰若有故則加書將命百名以上書於策不及百名書於方鄭玄云名書文也今謂之字策簡也方版也是其字少則書簡字多則書策此言大事小事乃謂事有大小非言字有多少也大事者謂君舉告廟及鄰國赴告經之所書皆是也小事者謂物不爲災及言語文辭傳之所載皆是也大事後雖在策其初亦記於簡何則弒君大事南史欲書崔杼執簡而往董狐既書趙盾以示於朝是執簡而示之非舉策以示之明大事皆先書於簡後乃定之於策也其有小事文辭或多如呂相絕秦聲子說楚字過數百非一牘一簡所能容者則於衆簡牘以次存錄也杜所以知其然者以隱十一年傳例云滅不告敗勝不告克不書于策明是大事來告載之策書也策書不載上明得之明是小事傳聞記於簡牘也以此知仲尼脩經皆約策書成文丘明作傳皆博采簡牘衆記故隱十一年注云承其告辭史乃書之于策若所傳聞行言非將君命則記在簡牘而已不得記於典策此蓋周禮之舊制也又莊二十六年經皆無傳傳不解經注云此年經傳各自言其事者或策書雖存而簡牘散落不究其本末故傳不復申解是言經據策書傳憑簡牘經之所言其事大傳之所言其事小故知小事在簡大事在策也

孟子曰楚謂之檮杌晉謂之乘而魯謂之春秋其實一也○孟子書名姓孟名軻字子輿鄒邑人與齊宣王同時人著此書檮徒刀反杌五忽反檮杌四凶之一杜云頑凶無儔匹之貌乘繩證反車乘也一云兵乘　**疏**　孟子曰至一也○既言簡策之異又說諸國別名孟子姓孟名軻字子輿鄒邑人也當六國之時師事孔子之孫子思脩儒術之道著書七篇其第四離婁篇云王者之迹息而詩亡詩亡然後春秋作晉謂之乘楚謂之檮杌魯謂之春秋一也其

之權未有所分也臣愚竊以爲亦過矣信曰然則何由師古曰由從也言當從何計也廣武君對曰當今之計不如按甲休兵百里之內牛酒日至以饗士大夫北首燕路師古曰首謂趣向也音式究反然後發一乘之使奉咫尺之書以使燕師古曰八寸曰咫咫尺者言其簡牘或長咫或長尺喻輕率也今俗言尺書或言尺牘蓋其遺語耳燕必不敢不聽從燕而東臨齊雖有智者亦不知爲齊計矣如是則天下事可圖也兵故有先聲而後實者此之謂也信曰善

漢書韓信傳

財政

何謂財政○財政者國家權力參与社會之富的分配以分配並再分配富之一種

財政隨國家之形態及性質而異○於近代國家財政之膨脹不知其國家之性質所不能了解以此爲財政無異一小孔与一不合時候所有則外様已此与不以國家爲歷史之範疇而以爲其乎之最高概念之永久的自然法則之謬誤相應

資產階級之財政○近代國家使(一)民眾(二)生產手段集中(三)財產集中於少數人之手　中央集權者揚棄各獨立之城市而括結之於近世而一之者也　政治之集中實爲資產階級之要求而國內民階級爲財政之負擔加重又要求政治之自由國會之始國立

恒集貴族教士領主騎士教士向說政府需用求其援助協力求
(一)至主之督所求者不變為常稅(二)且協定其徵收之法為
遂使國家財政之處分權上實建經濟貴族之手離而移之傳
真制度創共實為也　公家信用制度之一般的又使資產階
級因公債而生政治上經濟上之重要性
稅制改革(一)以廣泛產業發展之營業稅(二)以軍事財政之負擔此
資產階級之所謂共同繁的軍事的政治的經濟間的矛盾擴大(一)
稅增(二)公債募集(三)公債以稅支持落後稅之性　其負擔則
以(一)降下工銀(二)提高物價擴移無產階級　此仍勝餘剝削
之一種形態耳
無產社會之財政○大異於資產社會　經也　(一)社會所生產

一以供現在一以給將來此種辦法今先之以生產給生產者然
後合凡所有者而使之分擔社會之公共需要爲公產社會則
先(A)除去(a)補充生產工具之消耗(b)擴大生產(c)當因災害
之(甲)準備(乙)保險所剩者(B)供消費其中又除(a)生產以外之
行政費此類今日當大減(b)衛生教育等費此當將隨社會之發達而日增(c)不能
勞動者之扶養乃以之分配於生產者則今之租稅亡矣
(二)公債者國家或公共機關所募集求貸於人之謂也即求
以生產手段勞動用諸某方之謂也公產社會(一)生產手段及勞
動力兼由社會掌管利用之何方則用之何方(二)且無個人貸
本公債亦無從得財源也　分配於各員依勞之時間種類而

依共需要之必在經濟上為重要問題財政上則多莫係因財
政府須已在於把持故多事除去矣
公產主義者生產手段社會化不賠償之之債權其資本而已
(二)公債全部或一部廢棄則財政府為不能負擔(三)實施社
會主義之租稅

民黨(一)廢去土地私有權以一切地租用之於其事業(二)徵收重
要事業之所得稅(三)廢止一切繼承權(四)以國家資本設將與國
民經以將信用權更集中於國家(五)將交通運輸機關更集中於
國家(六)擴張國民工場及國民生產機關與國有地以改良一般
土地使用之商權及其交通計畫(七)於人勞權勞動與平等之新移立產

叢書當大要（一）須以立學術範圍內史事極以免替象有連係

前言手存

資本主義財政與社會主義財政之異，不在收款，以收入為收款

支出取入，種民主而不在乎也。凡資本主義之財政，由自然支

統階級取來為的，統階級所使用，支配階級靠政府徵收其費

多出者出自被統階級之諸多義而已實此也

且（一）統軍事費是統階級（一）榨取人民的（二）保護方階級者被支

統階（一）出（A）軍費（B）政費（二）因此而被支配，以戰費論亦被支

統階級負擔重，而需要同於勝利者，則為其利也，對債之債券遠其乎被

其統治機構剝削時物價常漲，剝債即剩利大（國債低落了，告小）

不能教育月給續發展其階級也而社會政策不足論

社會主義之財政(一)以平均分配爲目的者非關(二)爲謀全國民經

濟之發展(三)爲令政府獲得之權力國家團體權力能施一切

商工以此組成社會也　其主權者也所以割人之爲社會之

經理者也

其經費亦以償勞働而不自用　此外運轉經營費大可以節省

矣

其有所謂租稅以償此者亦直接稅少也　此以財產及遺產所收

謂國營事業團之財產矣時因其稅收入而此其財政乃可演

存主義之國營署矣

中　財政

清初財政

從[illegible][illegible]英紀於後周代摘錄

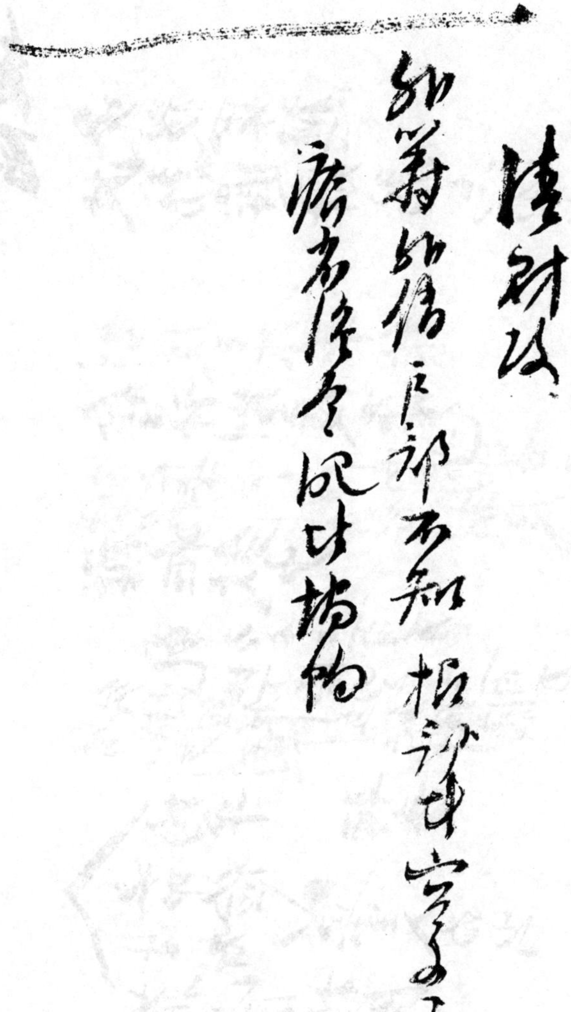

請財政

財政

藏富於民

生財

節儉 量入為出

均平 輕重

不知預算——庫

線情 租稅 年 私藏

乾 世曹四千三百万

七千二百万

權在欽少

實為——省都 制度不完

碎集中——中央地方不分

會計制度不完

制度之改革難

政務避財務亦不求當民

免稅思想

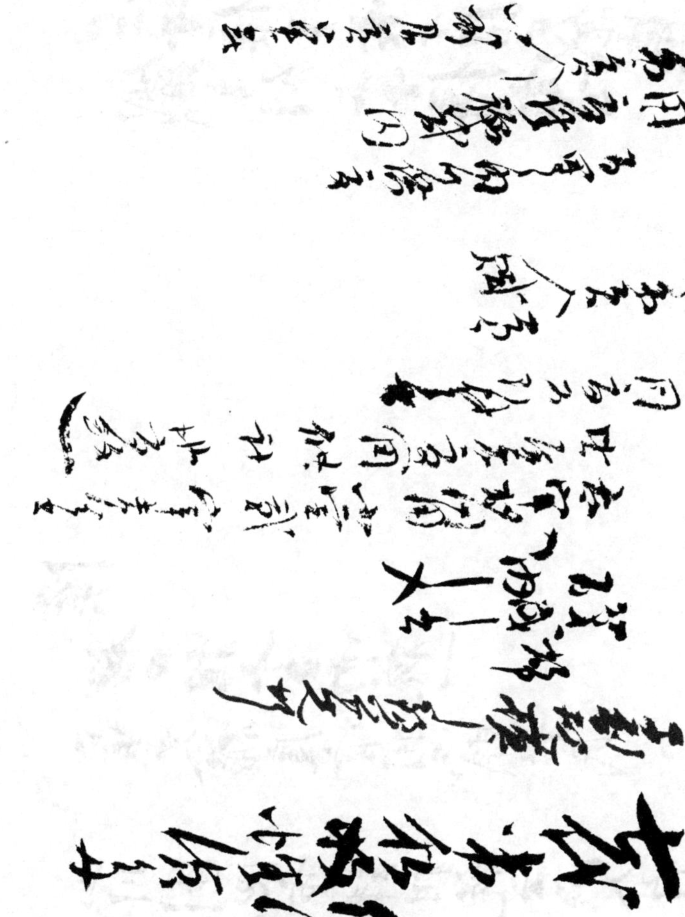

司農

少府

私奉養

天子以至封君湯沐邑皆為

山川園池市肆租稅之收入自

量吏祿度官用以賦於民

輕田租十五而稅一

漢

鐵之利二十倍於古

三十倍于古 于 田租口賦鹽

一歲屯戍一歲力役

月為更卒已復為正

秦

王莽

武帝鹽鐵 舟車 征賦 商稅 算緡

府庫餘財
廩庾盈滿
家給人足

州郡奏務不至

秘書 原刪去咸失務中內記之之引黃

修官舍

永和末

永初詔策散 八〇

二四〇儀

節儉 省減吏員

光武

兩務——舉務

徵之無籍貫人以任土所出推量

課

軍國所須雜物隨土所出隨時折

家之饒因爲署之收利

蘇外蘭仲因出口非羽翠四珠犀

財物

諸色所出未花以多隨耗乘收取

宋晉

晉武侈

府闕列置四官

許下

任峻為典農中郎將募百姓屯田

義倉

蓄積

盡罷榷稅

隋

豫借租稅 入市一錢

調

貢獻

魏

轉運掌外 度支掌內
兩税
劉晏之後
楊（任來）

青苗 間架 除陌……
天下所入無數
進奉（物異之一借出橫斂）宣索 刻剝 留州 送使
四方貢獻悉入內庫 上供 順宗……
截留 諸州
稍後方鎮諸使、、方鎮

百寶大盈庫
億萬緡——非租調正額者積
王鉷為戶口色役使進錢百
租庸調之壞

唐初 行千里不齎糧
絹一疋米一斗 十年後十餘斛
（全[illegible] 米吉）韋

——無所補財政

諸節度觀、方鎮不復上計

三歲養七將士

二戶資一兵

戶口較 吏 兵 商賈 僧道

兵 八三万十 上了

戶 一〇〇万——天寶 1/4

鄂岳 福建 湖南 八道

浙東 浙西 宣歙 淮南 江西

元和國計簿

宋
冗祿
郊祀
兵費
歲幣
身錢更｜役
竭天下之財｜鹽茶征榷利已盡
米上供｜除商使商州
除奇

（朱梁）賦斂輕而田園開之

經總制 月樁 板帳……

卷六

豐亨豫大

元祐不鈎校

熙寧 五千〇萬
嘉祐 天禧 三千六百
太宗至道 二千二百

熙豐改革

真宗

仁宗 冗兵

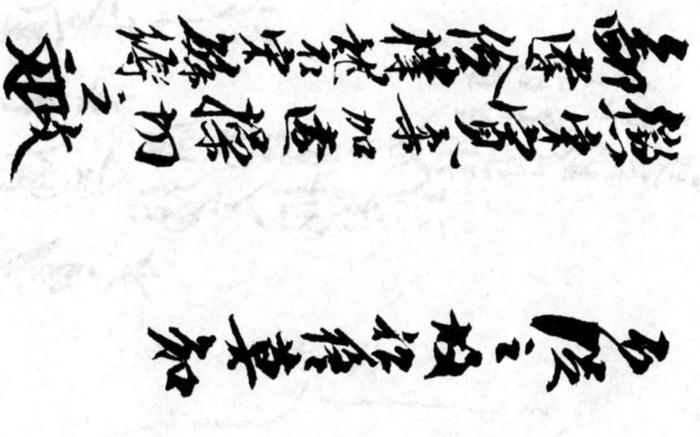

太府監
- 内藏
- 左藏
- 右藏

食采

賜与 賜人輒若干錠

歲賜積成巨數 後百倍六錠

朝會賜金九萬千
万但七万兩

佛事

建寺一役

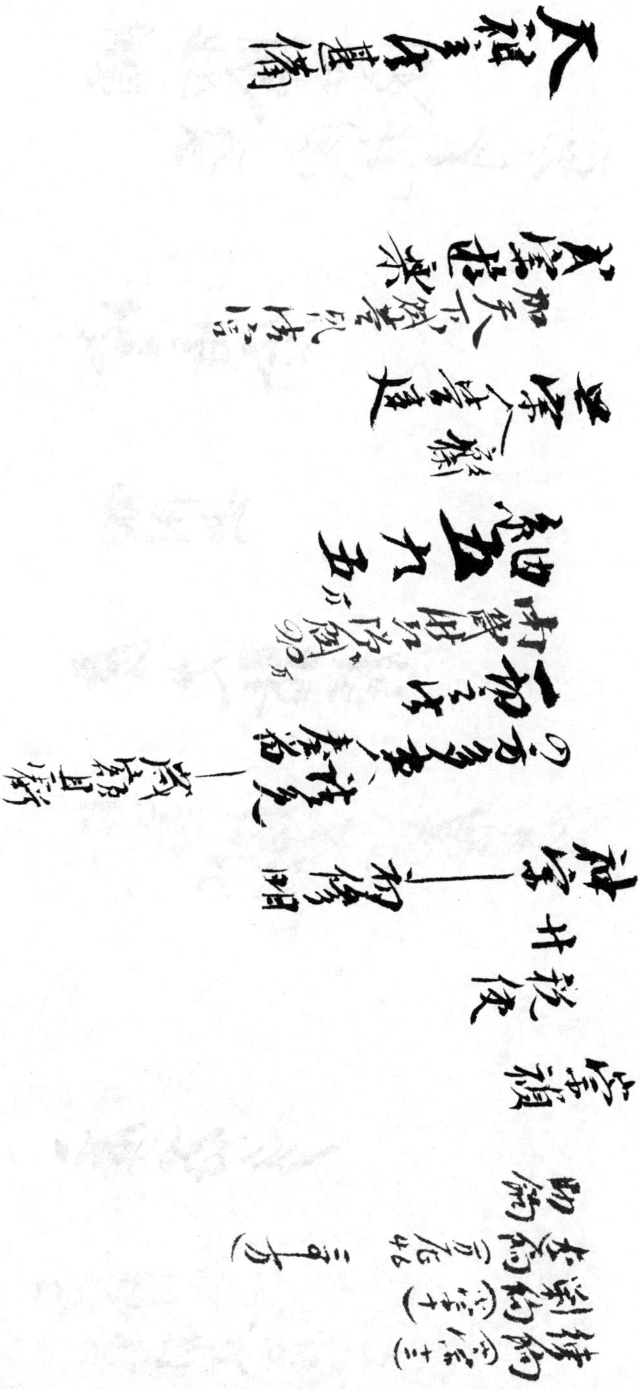

和珅　剋扣故存七千万

庫存多

耗羨、陋規歸公　養廉

度支精權

初用士

官府儉

順初除加派　捐関税壽宴

昭信款　不計　三千萬仍借此

光廿借匯豐　正金　一千六百万鎊

宣三　德華　三万五千万

34　二万三千万

29　一万万

光26　八千四百万

不二和　借款　英法　一千六百万仍　俄法四万万　英德續借　之二百万鎊

賠款不一而

續賠　三千万

甲午賠款　二万万

甲午新借款　一千万　外債　三万万仿

光八千万

同治年收入六千万

道光時四千万

咸豐六年　特入捐輸　厘金

二千五百万磅
美金五
收事般
四国借款——幣制實業借款
川粵漢鐵路借款（四國）
粵漢鐵路十万磅
（英美德法）
以東四川生存借款　各省鹽稅抵
宣統三年郵傳部　年三百萬　改出賣郵部　一千万磅（信用）
四年
鐵路廿山

十万傍
光緒卅年30借款八百万　借匯丰
附之及有有除雲南三十年
万兩
鹽稅
償金海關稅　約八千一万
攤於各省　九六八千二百廿三万六十一四兩
辛丑賠款四万五千万（六千七百五十万磅）

稅率呈
項目異
多荷来
中央只承其認款不問其款
各省自由籌款
斟改右自籌
中央派撥
派倍款
還日後款、借外債抵款始可手防
何項收可前進

天子 出 入

中衛 秦有 掌都門屯兵

少府 天子 掌園池……

大農 曰租關之稅錢穀等

秦治粟內史

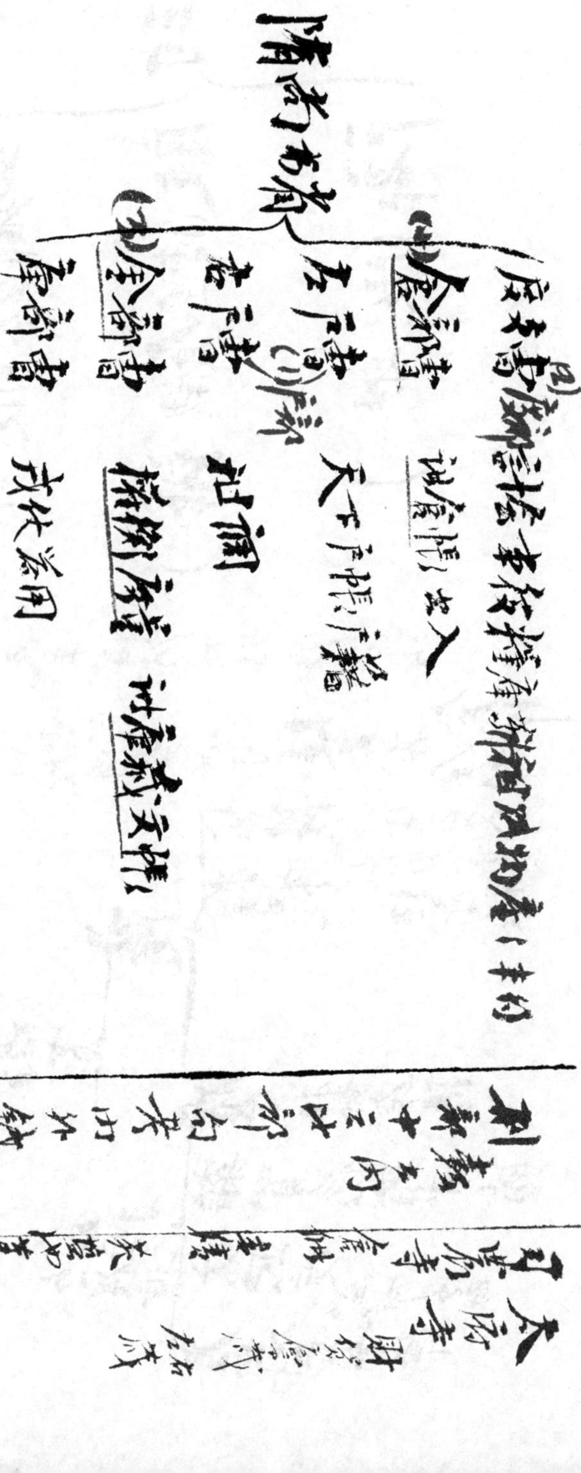

南宋

左藏東西庫（分隸户部、少府）
文思院
雜買務雜賣場
榷貨務都茶場

糧料院
審計院
（舊隸太府寺）

大府寺亦屬户部所司
建炎并金部倉部
元豐改制户部所屬

三司
鹽鐵（鹽茶 商稅……）
度支（漕運 倉儲 錢帛……）
户部（户稅 上供……）

冬（十二月）
秋（九月）
春（三月） 三冊以移咨部

州縣—布政司—郷者給照（郷以協較移）
本省經放
部撥解京
（錢糧……）

外関 ……州
兵馬……陸路
本引—

長官以下 ……

関税（関……）
權場（權……）
鹽課（……）
茶……

戸部—……
……

内務府—會計司……
廣儲司六庫

少府卿—中藏府令　中藏幣帛……

大司農—均輸令　委輸代物
　　　　太倉令　儲穀

府庫

外府　掌邦布之出入以供百物而待邦之用

內府　掌受貨賄以待邦之大用

玉府　掌王之金玉玩好兵及良貨賄之藏

大府　掌受貨賄之入頒其賄于受用、貨于受藏之府

出歸有司
德宗時楊炎論
有司不能程其多少
主以中官
為五琦度支鹽鐵使　請皆大盈庫
京師豪將假取不能禁
玄宗時非租調正額者積百寶大盈庫
而比部覆其出入
太府四時上其數
天下財賦歸左藏
（太倉所入又粟）
右藏署　金玉銅鐵等〻
太府寺　左藏署　錢帛

諸州 公使庫
　　軍資庫

修内司 宫禁營繕所資

合同憑由司 宫禁所取索

激賞庫

御前甲庫 紹興置 乘輿所須

神宗
景福殿庫—元豐庫

封樁庫 太祖 荊湖西蜀所獲金帛

宋—左藏
　—内藏—景福殿庫—元豐庫

承運庫中左東西右后俱

戶部太倉庫 英宗設 [illegible]

俱[illegible]在庫

有司 工部[illegible]庫 東裕庫

又有人天財庫 [illegible]

供用庫 香蠟

明內府十庫：承運　廣積　甲字　乙字　丙字　丁字　戊字　贓罰　廣惠　廣盈

緞疋金銀

硫黃硝石

布疋顏料

軍士服裝

綿花絲纊

銅鐵皮木

甲杖

沒官物

錢鈔

紵紗錦綢

州縣衙署庫

鹽法道運使司庫　鹽課

兵道庫　兵餉

河道庫　河餉

驛道庫　驛夫馬工料

糧儲道庫　漕糧出納存解

按察司庫　一贓罰　贓贖解部　一户口不知中

布政司庫　庫使　冊由巡撫達户　各州縣將隆支出入

其餘附三庫大使　由布政使　各州縣府庫皆

戶部　顏料庫　銅鐵……
　　　緞疋庫
　　　銀庫　實存銀兩　各省解到銀兩

内務府廣儲司　磁庫　茶庫　衣庫　皮庫　緞庫　銀庫

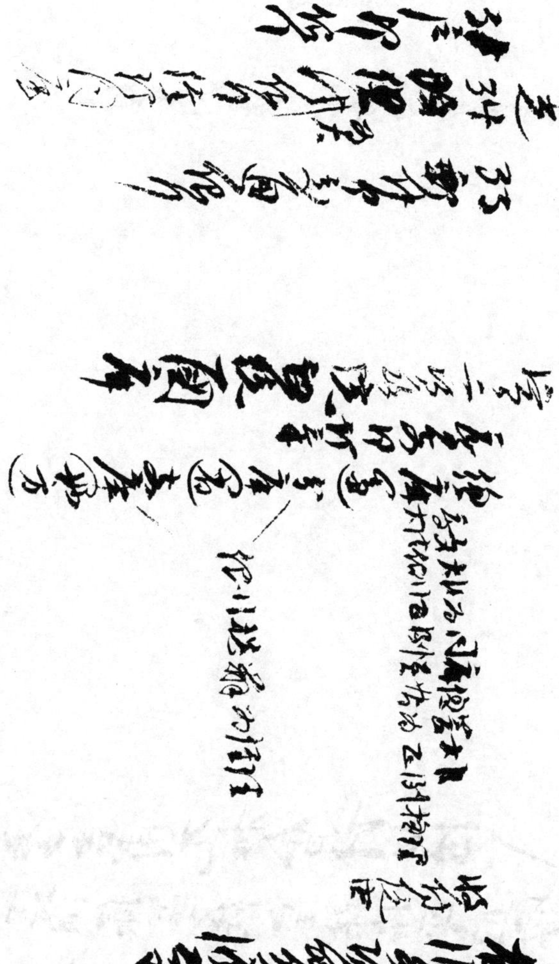

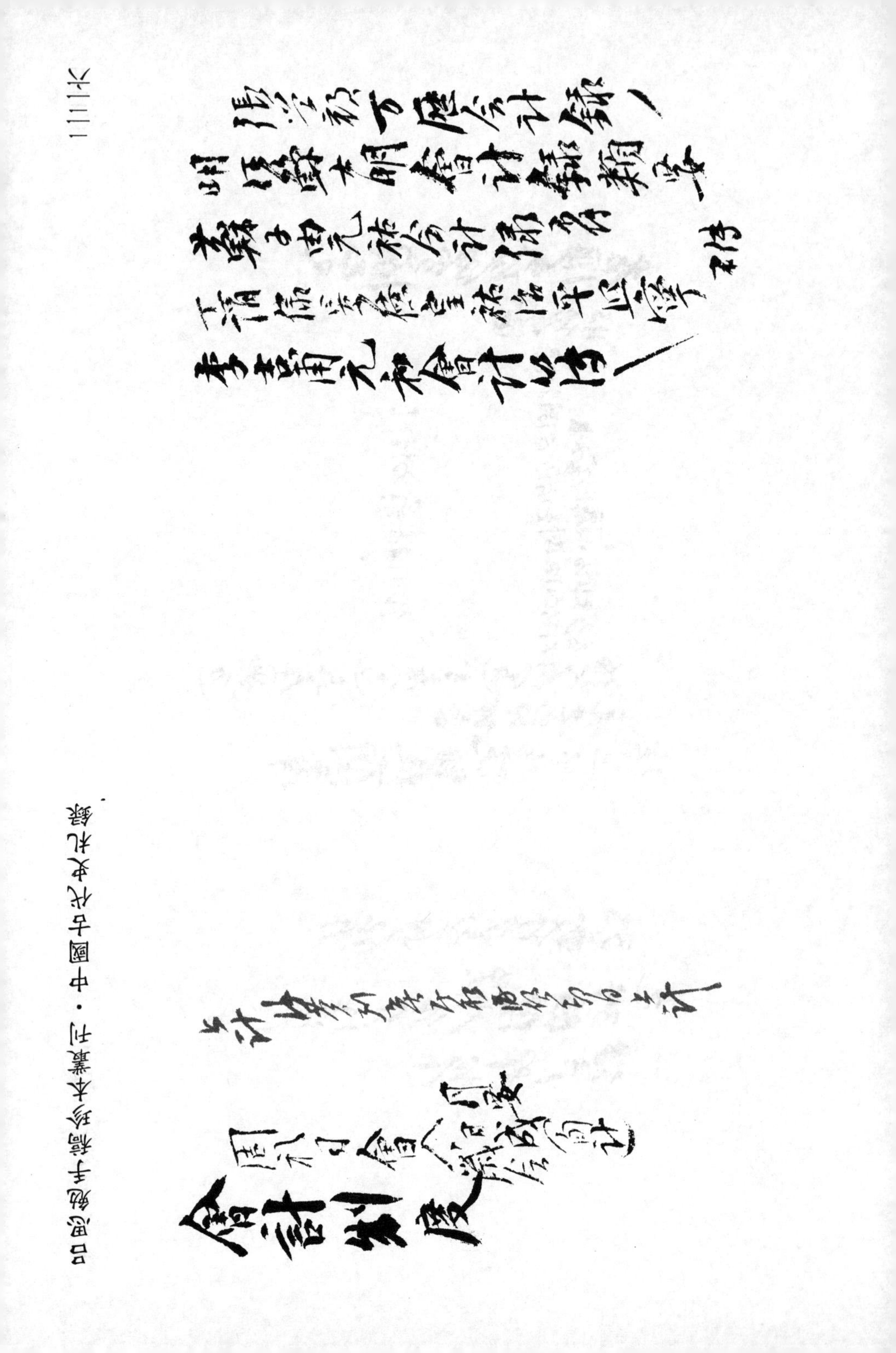

張之洞 下 歷代會計錄 一

明 [illegible]錄 本明會計錄 類稿 卷一

蘇轍 由元祐會計錄 備[illegible] 時

丁謂 [illegible] 林特 [illegible]

李吉甫 元和會計 時

[illegible] 計

會計制度

周禮 司會（鄭注[illegible]）

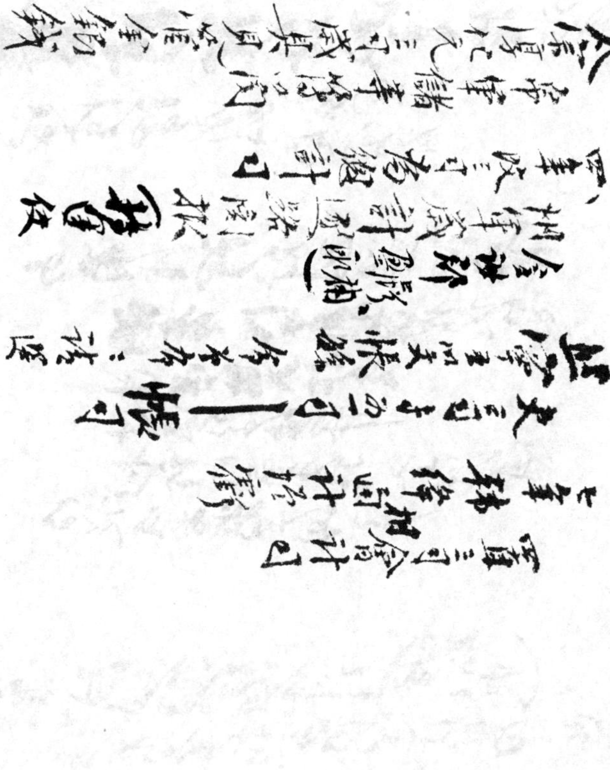

諮議局

度支部（歲三万八千万 二万九千万）

又有資政院（不行留之）什行為二 生（虚權）

宣、試辦預算（原在中）

內設收支數千兩了

柳訂收支年報 業以年武

此遂行後算

造送出入報告

調查以前財務作說明書

又有清理財政監理官

設清理財政局（又有廢（案））

[illegible]清理財政章程 三五年

光末

財政

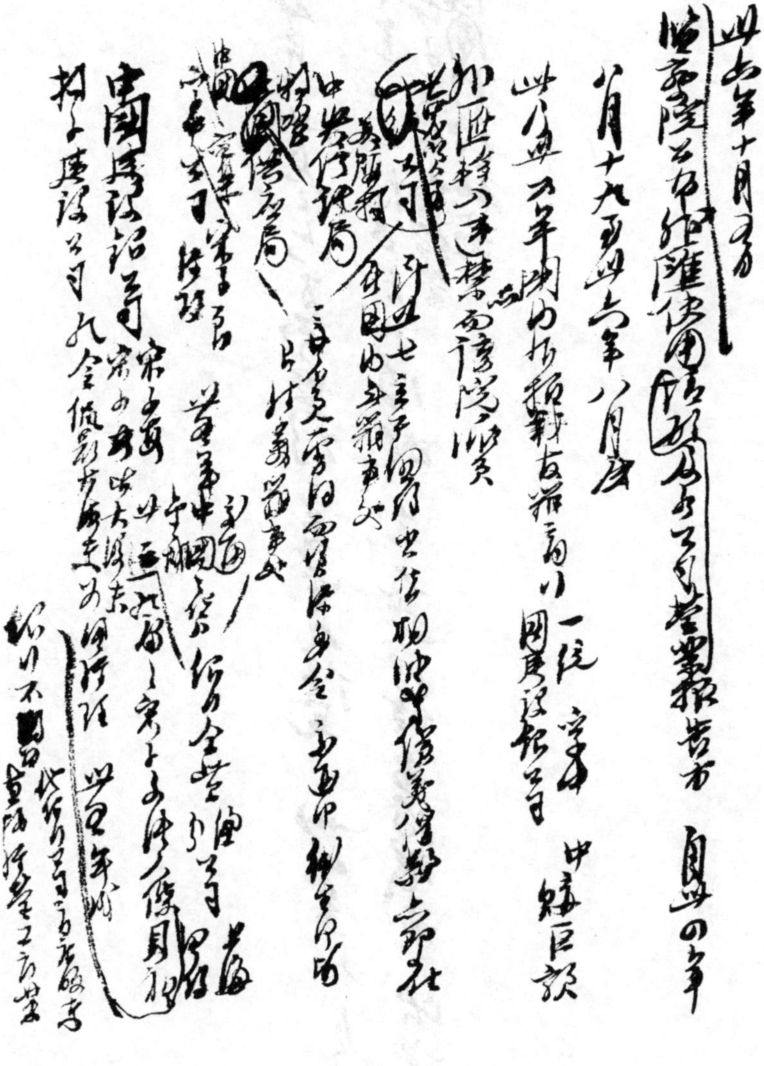

以前存者　皆七八百字無物　萬言乃信完　卅四年八月廿

以五年十一月廿五日清晨　東元[illegible]書此[illegible]　[illegible]

定長子悉記人[illegible]書

[illegible]

財政　3549

[illegible]之後[illegible]

[illegible]前，這次參政會[illegible]
[illegible]全會還[illegible]
報駐滬記者黃[illegible]

等於外匯平準基金的平準市場，在政治一團糟，老百姓苦不堪言的局面下，由一些「人民代表」在這個會里發發牢騷，大家看了與論抨擊之烈，與政府大員的啞口扭怩之狀，多少出了一口怨氣，得到了抒情的發洩作用。然而看看歷屆所通過的決議案，政府到底做了幾件，就可以知道他的功效何如了。

三萬兩美金的徵用問題，似乎已經吵了好幾年了。最初政府答應在戰後用做建設之用，現在戰事完了，俞部長乾脆說美方不與協助，似乎已經永遠沒有可能徵用了。雖然也有陳賡雅參政員的請援指獻黃金的成例迅將美國存款指獻四成以充軍事復員經費的一案，也終被保留，成爲一個可憐的尾聲。

雲南民政廳[illegible]的貪污四十萬萬元案，算是提出來的一件較大的貪污案，羅衡參政員更慷慨激昂的說要碰一碰這一位過去連毫毛也碰不動的大官，其實自從龍雲被編長軍事參議院以後，雲南的情勢一變，陸已經不復是過去的那麼硬了。在這後面我們還可以意識着有多少毫毛硬得吹都吹不動的人物。

尹述賢說中行總裁貝祖貽就職後用一百九十兩黃金買了一輛自用汽車，更不過是「小事」，只不過成爲頗可笑的一件小新聞，能夠叢其刺激情感的效用而已。

除了這些小喜劇之外，參政會有幾個大題目做，其中最熱鬧的一個是同於政治協商會議的。在這場合，我們恍若感到滄白堂之餘風已經吹入了參政會，態度之輕薄，使人感到不是[illegible]的會議[illegible]都用出來了。有很多人簡直主張取消政協的決議。用來批評的語句，如「國大代表中社會賢達僅占七十名，較孔門弟子尚少兩名。」之類，使人感到簡直是在茶館中的相聲專家的絕奏，要想在里面尋求什麼眞實的理由，是枉然的。

陶百川在這種混雜的空氣之中，爲政協說了幾句話，報來的是「通！通！」的聲音，「犯法！下台！」的呼嘯，參政員在場中飛奔，交頭接耳，羣聲附和，弄得會場大亂，這許多都使我們想起滄白堂與較場口。

在這種情形之下，參政會的水準的確是降低了。即保留一種空虛的坐而論政的地位亦不可得。

★　★　★

在參政會開會期內，政協的綜合小組還斷續地開會，討論國大問題，省自治[illegible]問題，同[illegible]政府也在督促中共提出府委名單，以便[illegible]政府，然而[illegible]沒有成就，並且還有不少突發的困難。

對於提出府委名單問題，中共由王若飛在政協的綜合小組上提出聲明，以爲二中全會對政協決議的混淆情形當未澄清。憲草修改原則爭議未決，國大名額政府又有修改之議，同時對中共的國委及行政院政委名額未能肯定之前未便考慮提出名單。由這里可以看出中共重視二中全會的對政協決議產生的影響，而不及參政會，同時對於紙上的國大問題爭執甚烈。政府及中共可能都對政協的決定實施有信心，而問題在于政協決議實施時的技術問題和解釋問題，雖然二中全會和參政會都對政協決議有動搖的姿態，然而經過[illegible]的壓力，[illegible]都未能成爲[illegible]的技術[illegible]有沒有枝節，可供[illegible]一方面的利用，而造成不同的結局。

在討論國大憲草的政協聯合[illegible]議席上，涉及地方自治根本法，青年黨代表陳啓天提出：「省自治法[illegible]經[illegible]法院通過，以[illegible]與國憲衝突，[illegible]法院通過之省自治法，則中央[illegible]以命令變更之。」這與中共的主張：「省得制自治根本法，中央[illegible]更之。」衝突。問題的背[illegible]中共的「地方政權」的保留問題，在「解放區」與東北都有這[illegible]重的問題，中共代表[illegible]即指出陳之主張爲「無[illegible]胡說」，青年黨代表認爲中共發表失言，曾琦聲明：「吾人[illegible]協商只宜講理，不宜謾罵，[illegible]種無理態度之下，無法[illegible]討論，只得退席。」[illegible]法。

中央日報[illegible]「陳啓天」事件[illegible]是「最不民主的黨，武斷蠻橫，是他們一貫作法。這次事件若發生於重慶，如果在延安，則他們欲加諸於當年黨代表者，恐不僅口頭侮辱而已」。（下轉二版）

文具

文具提要

「文具」一類的札録，原一包。内分三札，第一札是呂先生從自己的著作（《先秦史》《秦漢史》《兩晉南北朝史》）中摘出的資料；第二札是剪報；第三札大都是先生從《鹽鐵論》《後漢書》《晉書》《新唐書》《資治通鑑》《文獻通考》等史籍中摘出的資料，也有一些是讀《陔餘叢考》《觀堂集林》等書籍和報刊雜誌的筆記。

先生所做的札録，天頭或紙角上常會標出「文具」「筆」「紙」「硯」等分類名稱，有些札録也寫有題頭，如第二五〇、二六一頁「西藏文書以竹筆」「印刷術與後讀書不精」等。摘録的資料，詳略不同，有些是節録或剪貼史籍原文，有些僅在題頭下注明資料的出處，如第二四九頁「佩筆，新李靖傳九三3下」（即《新唐書·李靖傳》卷九三第三頁反面），第三〇九頁「詔書鏤板宣布，畢卅六6上」（即畢沅《續資治通鑑》卷三六第六頁正面）。有些札録也加有按語，如第二六三頁「紙兩面寫」，加按語「此因紙貴故也。如敦煌千佛洞摩尼教經書於佛經之背」。其他如第二六四、二八八、二九一等頁，也有長短不一的按語。

「文具」一包，也有較多的剪報資料，此次整理只收録了一小部分；札録的手稿部分，均按原樣影印刊出。

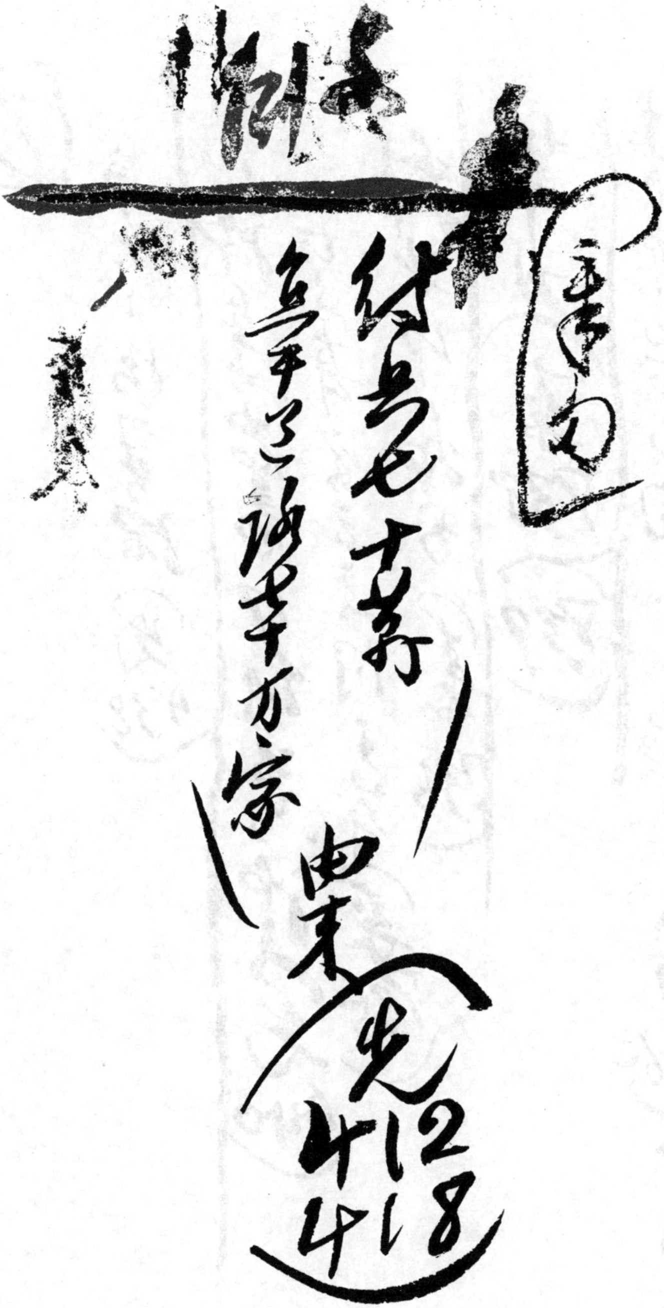

［考］

尹大々諸葛瑾（光438）

八部大人世業即作為八々部（光440）

古之尊字言古同字也（宋235）

録其印綬書（宋236）

單于（宋238）（239）

書案案不同人　而亭官（典1360）大

鄒林生之義（光）

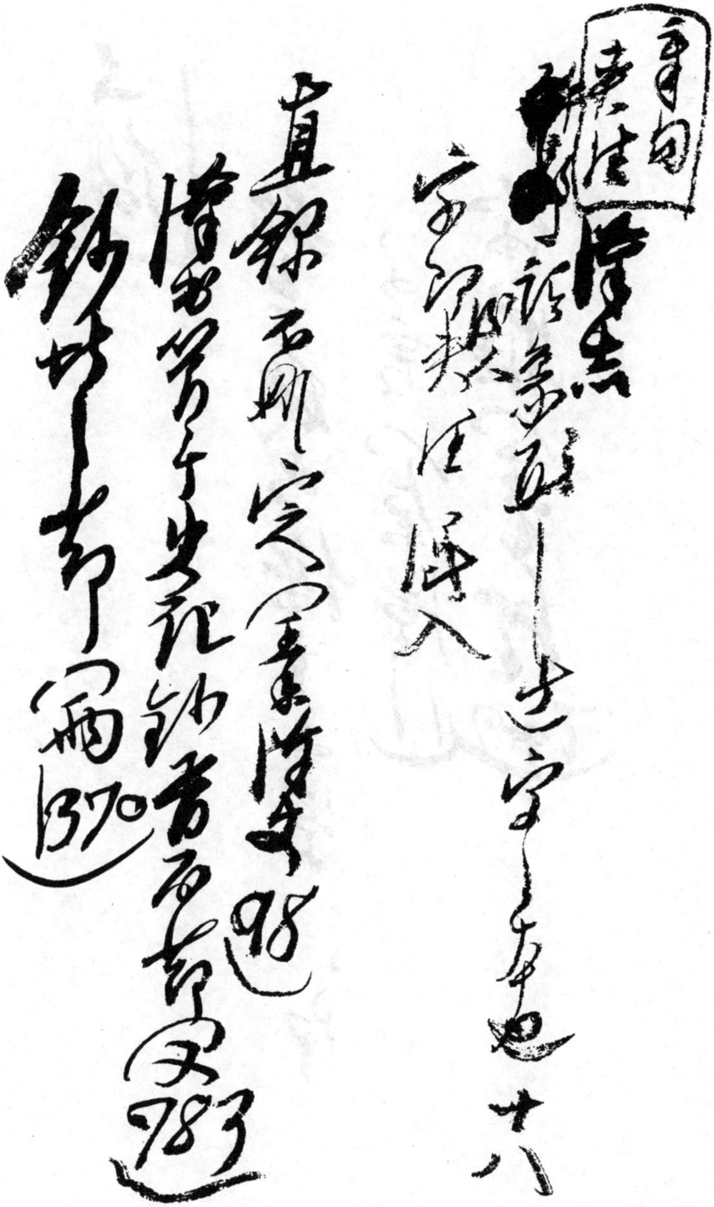

之後

皆據古係古文學之印

之言（原傳）

爾雅（書傳）

74

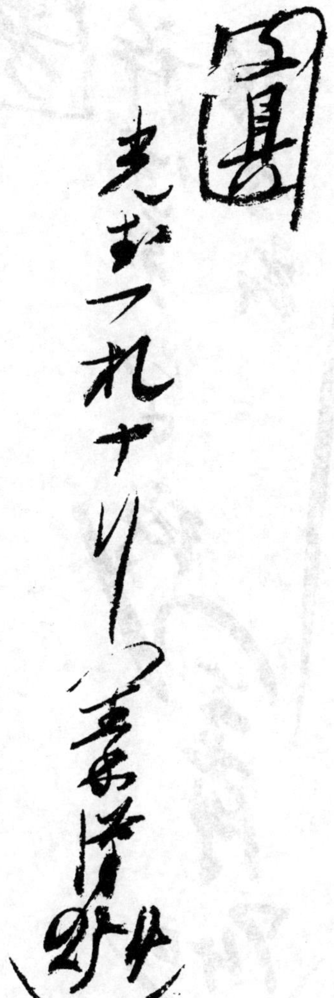

考

許氏說文字數

許字數

書 740

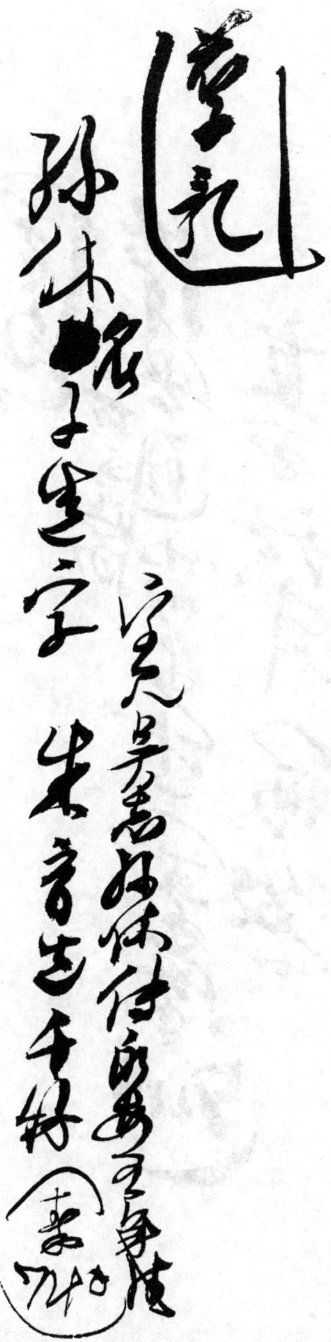

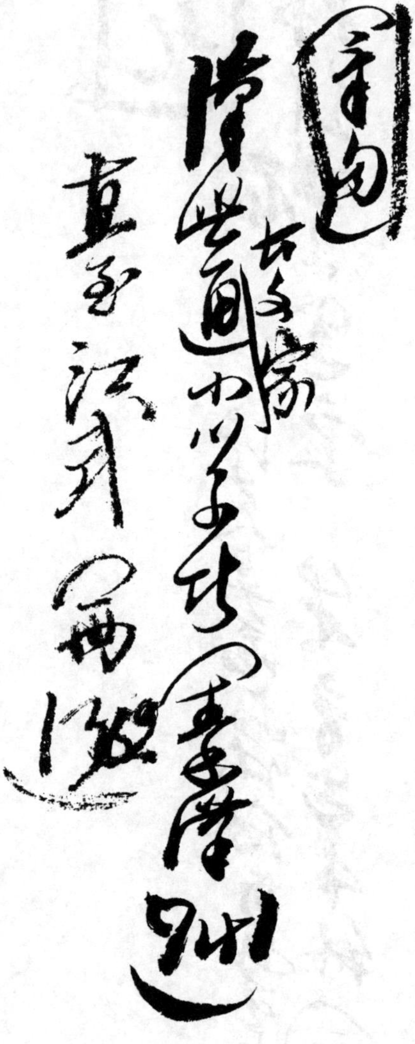

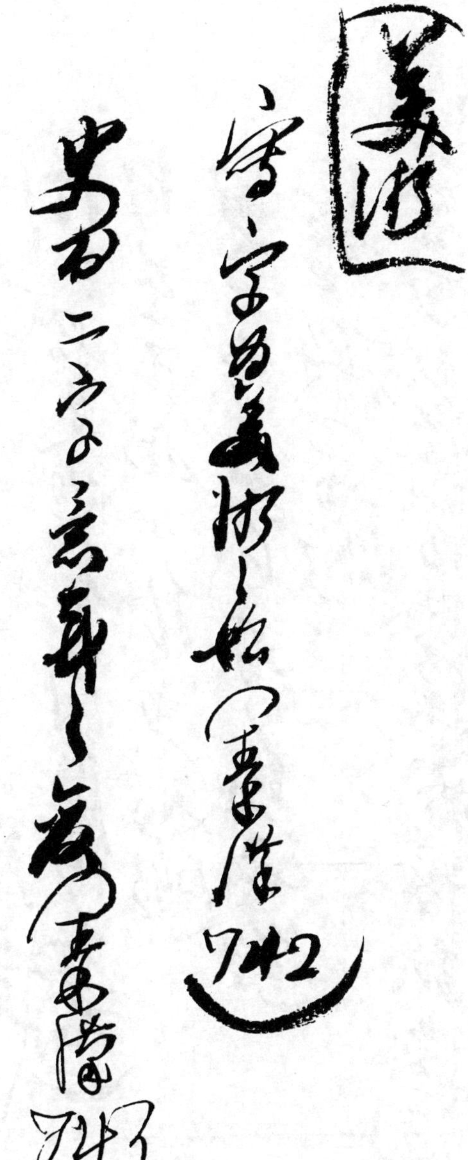

紙貴

古貝。

隋時田草隨有，用紙絕少（唐745）

何是玉根小紙者（西1045）

蜀大宗出紙與紙（西1169）

疆繳（西1265）

嚴本小楷管書書書磨紙費（西1368—1438）

勉寫高祖從大（西1369—1423）

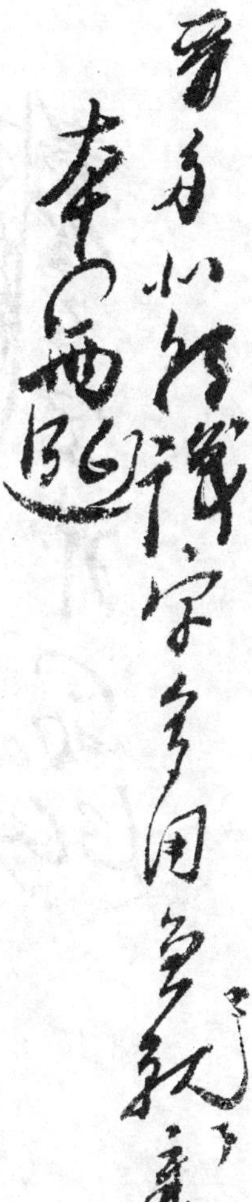

西山經

釐石字補冊 1360

1361
1362
1364
1460

以夏文爲異族語（西域）367

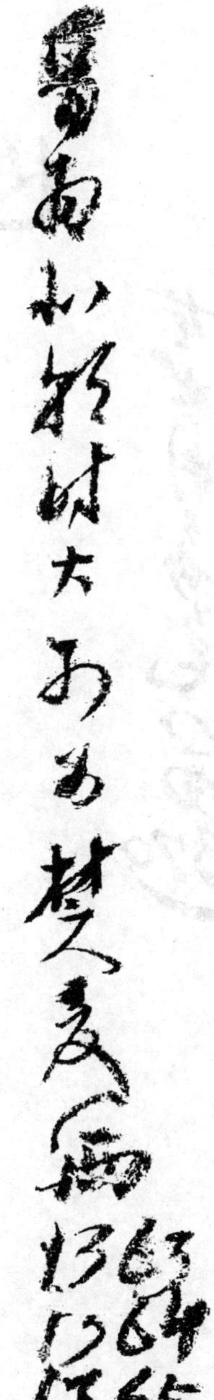

避

古書用多色函1370

箋

文具

佩箋（許東請付　九三叟）

草

文貝

丙戌冬初一竹筆

諸字釋例卷十五二十八頁

文具

一　銅筆尖者

三百只　以筆用紙之極薄益筆明不可之

出尖

墨

子墨

明天啓時吳以行挺點漆爲書中古法墨者

磨汁分寫至歙覓向於白墨丸以漆桐和脚

埋爲之

文具

旅順古墓中掘得之硯

滿蒙古蹟考 227

刻

文字

以刀刻鏤鍥板

以為又稱李相 盡氏與姓侯氏生之命令

之定之八

之之

睇石鏤大板曰某月某日將殺殺於滿國力村

刻刀刻於是 其語以刀刻其鏤鍥板 語語以

指以刀刻其鏤若桑之上鍥其兩物之板語蓋板

也 釋文鏤本又作鐵

硯　文具

漢魏晉隋唐以前多用瓦硯今天下通用

石硯石務紀等言硯瓦也已

東坡多

令

經子雜題

二〇〇四年三月録 黄維倫下 四張

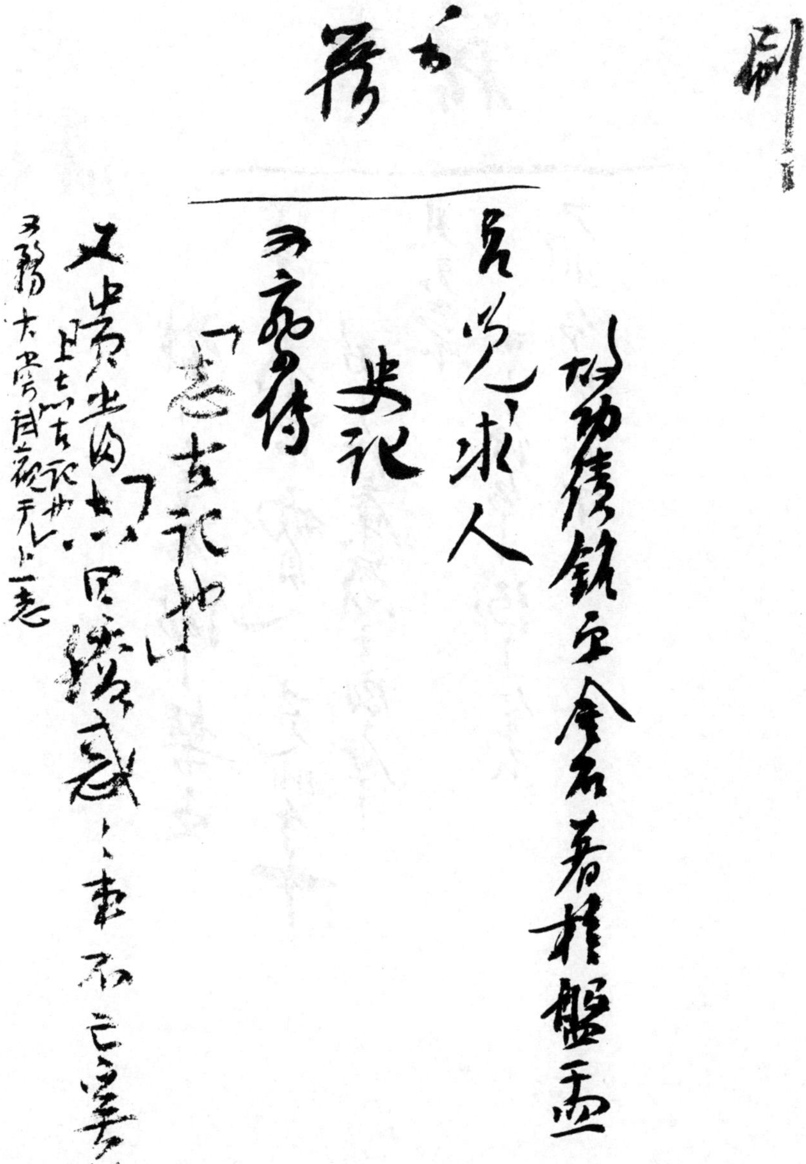

印刷

錢、金石、鄭、與書志

墨子天帝兩貢） 方見卅分十

書、作庫藏之府庫

市籍

見天寶

書、作府、鄭、金石

亦非分中下

書藝

古者聖王必以鬼神為〔王云為下當有有字而今本脫之必以鬼神為有見上文其下仍有脫文不可考〕其務鬼神厚矣又恐後世子孫不能知也故書之竹帛傳遺後世子孫〔畢云文選注引作以其所獲書于竹帛傳遺後世子孫又一引作以其所行此無四字〕咸恐其腐蠹絕滅〔王引之云咸字文義不順當是或字之誤言或恐竹帛之腐蠹絕滅故又琢之盤盂鏤之金石也〕後世子孫不得而記故琢之盤盂鏤之金石以重之有恐後世子孫〔有吳鈔本作又字通畢云當為猶非〕不能敬若以取羊〔畢云言敬威以取祥也孫云說文云若讀若威又云羊祥也秦漢金石多以羊為祥〕故先王之書聖人〔王云此下脫二字或當云聖人之言〕一尺之帛一篇之書語數鬼神之有也重有重之〔吳鈔本有作又王云有與又同〕此其故何則聖王務之今執無鬼者曰鬼神者固無有則此反聖王之務反聖王之務則非所以為君子之道也今執無鬼者之言曰先王之書慎無一尺之帛一篇之書〔王云慎無二字義不可通慎無當為聖人上文曰故先王之書聖人一尺之帛一篇之書是其證〕語數鬼神之有重有重之〔重下有字亦讀為又畢云重有重下舊有亦何書三字衍文〕亦何書之有哉〔吳鈔本之有二字倒〕

舉木而擊之曰吾擊之也順於其父之志則豈不悖哉子墨子謂魯陽文君曰攻其鄰國殺其民人取其牛馬粟米貨財則書之於竹帛鏤之於金石以爲銘於鍾鼎傳遺後世子孫曰莫若我多（周禮司勳云戰功曰多畢云我多舊作多吾一本如此案顧校季本亦作我多）今賤人也亦攻其鄰家殺其人民取其狗豕食粮衣裘（畢云粮糧字俗寫）亦書之竹帛以爲銘於席豆以遺後世子孫曰莫若我多亣可乎（亣道藏本吳鈔本並誤亦）魯陽文君曰然吾以子之言觀之則天下之所謂可者未必然也子

墨子魯問

（吳鈔本義作治）而助之脩其身則愠是猶欲其牆之成而人助之築則愠也豈不悖哉子墨子曰古之聖王欲傳其道於後世是故書之竹帛鏤之金石傳遺後世子孫欲後世子孫法之也今聞先王之遺而不爲是廢先王之傳也（王云遺字義不可通遺當爲道此涉上文傳遺而誤也上文曰古之聖王欲傳其道於後世故此文曰今聞先王之道而不爲是廢先王之傳也）

墨子耕柱

研

蘅侄

印刷術興後讀書不精

參觀李氏山房藏書記

又軾[illegible]與學業[illegible]一言

刻書之冊

新印文

卷

刀

印刷

一

[illegible]具

紙兩面寫

東晉用紙寫故也如敦煌千佛洞之摩尼教經

書於佛經之背

蔡倫悟造紙之由

中國考古學史頁61

印畫　泥書蠟書

又102頁

文具

紙

陸羽懷素傳：貧無紙可書，嘗於故里種芭蕉萬餘株，以供揮灑。書不足，乃漆一盤書之，又漆一方板，書至再三，盤板皆穿。書苑菁華卷六

勉案：此亦足見紙之貴也。

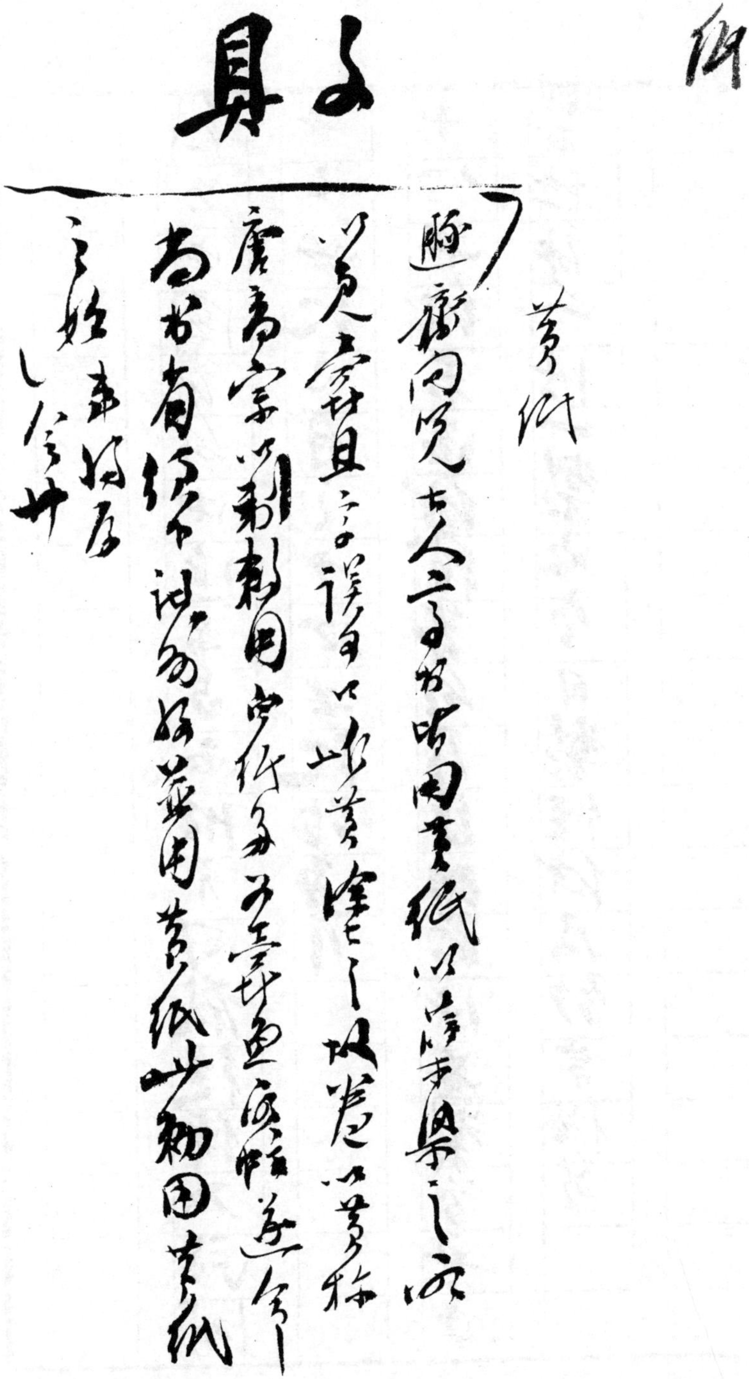

紙為中國發明由近東而西班牙回教徒傳入歐洲
十二世紀已有之十四世紀始通行
十八世紀末造紙機發明乃緣圖㨿代為製紙原料
製紙機纖紙之法一製紙及今日製造紙及鈔票優劣

摸

字々

俞平伯 同村劉宇藏

东京10 10（旧22 10）

美髯公翁聯句稿 窗北 一八九九

日本工程师

周存坤 1912

文具

七部

刻石　泰山　周宣王石鼓　秦人刻石

鑄金　周官司約　銘人鐘一記功銘慎　職金　周書大聚篇　墨子魯問　黄帝

玉版　大戴保傅　君子從所以邪

莊子徐無鬼　金版六弢　列子湯問

甲骨　説文　周文華氏　太卜

律夫勝25日易女何宣沙南洛大安作

竹筒　出自何世所造也一云陳厚人當高乃木
多作青竹粗種某材充之只人宜之
則若之苍僴

木版

常書　里之書高書推作印　子孫寶伴

紙　皮紙宣德造傳之又初學記
梅紙書作林傳華墨存都之際之紙自

朱砂

石器

局

金太貴　刻石難又不可移動觀者亦詣之如石經

之足

其熱帶用藁　溫帶用木

諸及有綫草　巴比倫用羊皮　巴比倫少石亦用

泥瓶故其文成楔形瓶（以蘆葦在泥瓶上作之）

手書
謹啟

樂陶都尉令
弟郭鐵樂都運司令從弟從式
沐雨櫛風遠尉書令書明盡檢都尉書
應鈔紙送尉檢令史記不在都尉令借擬
書目錄已有書史禄都尉令　同方都尉書在郡集
劉某樂使郎集旅檢，行知……倦，加〇
明宇作旅舍書，知納多知者悉國書〇在作符
全文兩作靈

管氏

籍任

後漢[illegible]書錄

後書[illegible]之傳

後漢[illegible]為周[illegible]

後書[illegible]傳

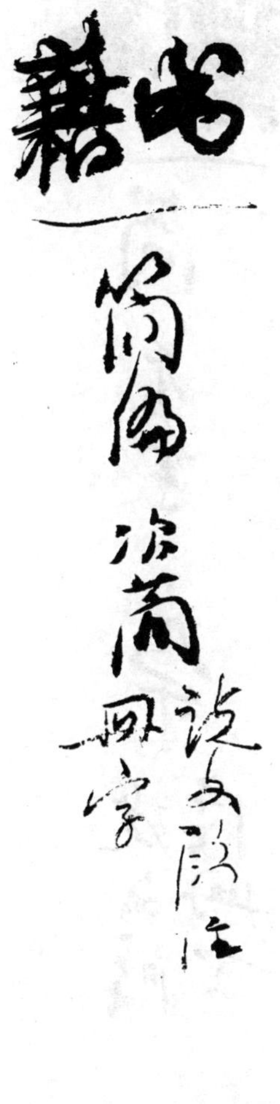

韩诗

简策方札

说文句读
册字

負

~~任藉~~

周代政治制度考

金鴻撰

文具

文具

以大功以上有同財之義無致賵奠之法云可且賵且奠許其厚也者若然此所知許其賵不許其奠兄弟許其貳賵幷奠而上經亦賓而有賵有奠有賻三者彼亦不使並行俱見之見三禮之中有則任行其一故總見之云賵奠於死生兩施者以下經云知死者贈知生者賻注云各主於所知此賵奠不偏言所主明於生死兩施也

所知則賵而不奠 所知通問相知也降於兄弟奠施於死者爲多故不奠

疏 所知至不奠○注所知至不奠○釋曰云所知通問相知也者言所知明是朋友通問相知言降於兄弟者許賵不許奠也云奠施於死者爲多故不奠者但賵與奠皆生死兩施其奠雖兩施施於死者爲多知者以其言奠爲死者而行故知施所知爲疏不許行之也

知死者贈知生者賻 各主於所知

疏 知死至爲賻○注各主於所知○釋曰云各主於所知者以其贈是玩好施於死者故知死者行之賻是補主人不足施於生者故知生者行之是各施於所知也

書賵於方若九若七若五 方板也書賵奠賻贈之人名與其物於板每板若九行若七行若五行

疏 書賵至若五○注方版至五行○釋曰以賓客所致有賻有賵有贈有奠直云書賵者舉首而言但所送有多少故行數不同

書遣於策 策簡也遣猶送也謂所當藏物茵以下

疏 書遣於策○注策簡至以下○釋曰云策簡者編連爲策不編爲簡故春秋左氏傳云南史氏執簡以往上書賵云方此言書遣於策不同者聘禮記云百名以上書於策不及百名書於方以賓客賵物名字少故書於方則盡遣送死者明器之等并贈死者玩好之物名字多故書之於策策書明器之物應在上文而於此言之者遣中并有贈物故在賓客贈賻與賵之下特書也

乃代哭如初 棺柩有時將去不忍絶聲也初謂既小斂時

疏 乃代哭如初○注棺柩至斂時○釋曰案喪大記大夫以上官代哭士無官以親疏代哭云初謂既小斂時者

既夕禮 似禮只

文具

僕人論篆計其用筆當木簡後出僕手釋另

既隨說文解字序贊此以爲篇外文下

書契緣及（文字）

久無事（盟會之屬）則聘

有故則卒聘——亦及郵亦

名=字

策=簡——據一片　策編連

簡

方=板

六經、孝經、論語之策之大小

尚書、左氏一簡之字數

記

久無事則聘焉　事謂盟會之屬　疏　記久至聘焉。注事謂盟會之屬。釋曰此云久無事則聘焉者則周禮殷聘也是以周禮大行人云凡諸侯之邦交歲相問也殷相聘也世相朝也注云小聘曰問殷中也久無事又於殷朝者及而相聘也云事謂盟會之屬者案春秋有事而會不協而盟是以春秋有會而不盟盟必因會若有盟會相見故云久無事則聘焉

若有故則卒聘束帛加書將命　百名以上書於策不及百名書於方　故謂災患及時事相告請也將猶致也　名書文也今謂之字策簡也方板也　疏　若有至於方。注故謂至板也。釋曰云故謂災患及時事相告請者此即上經云若有言一也言災患上注引春秋臧孫辰告糴于齊公子遂如楚乞師此云及時事者即上注引春秋晉侯使韓穿來言汶陽之田是也云名書文今謂之字者鄭注論語亦云古者曰名今世曰字許氏說文亦然言此者欲見經云名名者即今之文字也云策簡方板也者簡謂據一片而言策是編連之稱是以左傳云南史氏執簡以往是簡者未編之稱此經云百名以上書之於策是其衆簡相連之名鄭作論語序云易詩書禮樂春秋策皆尺二寸

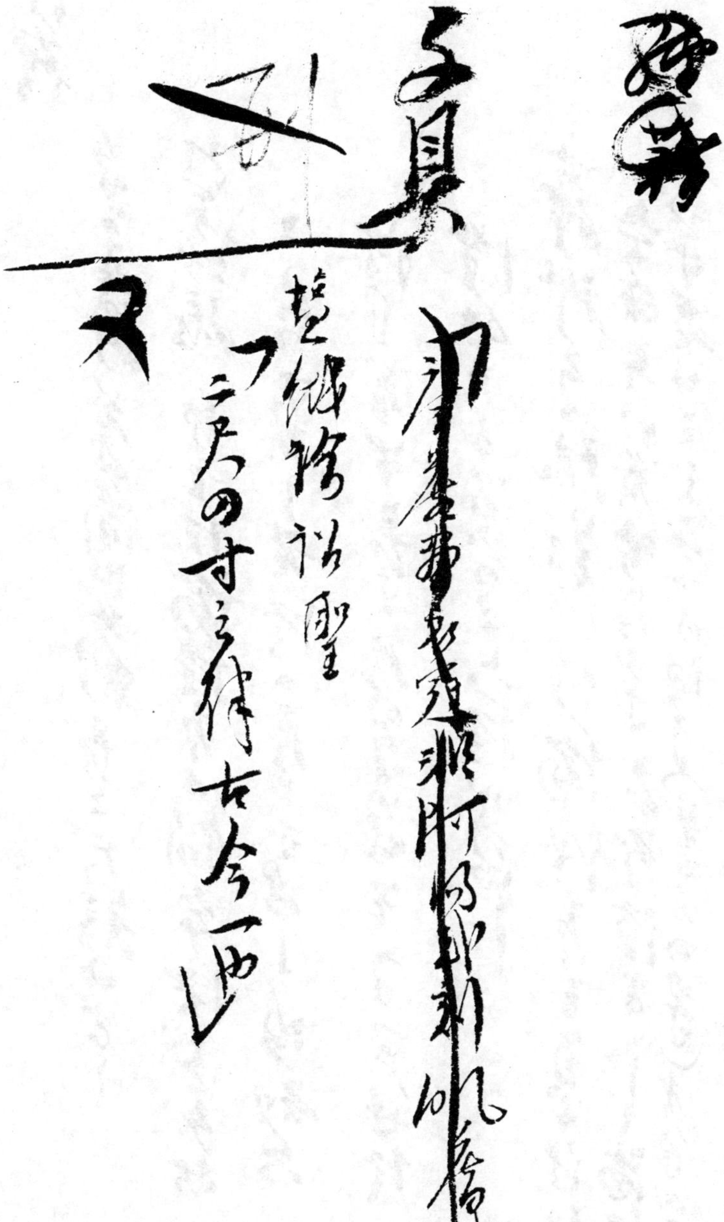

經籍

獨斷 策者簡也其制長二尺短者半之

左氏春秋疏 鄭玄注論語序以鉤命決云春秋

二尺四寸書之孝經一尺二寸書之故知六

經之策皆長二尺四寸蔡邕言二尺者謂

漢世天子策書所用故與六經異也

儀禮聘禮疏 鄭作論語序云易詩書禮樂春秋

策皆尺二寸孝經謙半之論語

八寸策者三分居一又謙焉（策也尺二寸則八寸三分之一）若八寸則當春秋二尺四

管君蘭付多紙二張
均做請二尺四字 白緣老兄一即

中國文具○大學生雜誌十七卷二册

明邸報崇禎十一年始有活板。前此皆出手抄。見亭林文集與

公肅甥書

文具

晉書李含傳：安定皇甫商，州里年少，少恃豪族，以含門寒微，引為結交，含距而不納，商恨焉，遂諷州以短檄召含為門亭長。（六十上）

又王隱傳：大興初，……召隱及郭璞俱為著作郎，令撰晉史。……時著作郎虞預私撰晉書，而生長東南，不知中朝事，數訪於隱，並借隱所著書竊寫之，所聞漸廣。是後更疾隱，形於言色。預既豪族，交結權貴，共為朋黨，以斥隱，竟以謗免，黜歸於家。貧無資用，書遂不就，乃依征西將軍庾亮於武昌。亮供其紙筆，書乃得成。（八十二上）

又左思傳：……賦三都。……豪貴之家競相傳寫，洛陽為之紙貴。（九十二上）

晉書王育傳云：……少孤貧。爲人傭。牧羊。每過小學。必歔欷流
涕。時有暇。即折蒲學書。（四九上）

又何曾傳。人以小紙爲書者。勅記室勿報。
宋書百官志。天子所服五時衣。以錫尚書令僕丞郎。月賜赤管
大筆一雙。隃麋墨一丸。（四九上）
齊書高逸傳。徐伯珍。伯珍少孤貧。學書無紙。常以箭箬上。書竹葉及地學書。（四〇8上）南史七六上
梁書文學傳。劉杳。周捨又問杳。尚書官著紫荷橐。相傳云挈囊。竟何所
出。杳答曰。張安世傳曰。持橐簪筆。事孝武皇帝數十年。韋昭
張晏注並云。橐。囊也。近臣簪筆。以待顧問。（五十九上）

又諸夷傳。滑國無文字。以木爲契。與旁國通。則使旁國胡爲胡書。

革皮爲紙（見○節）。書文字僅用諸與外國交接，而本國不用之。事與中國通於此者蓋多矣。

南史后妃傳：宋孝武殷淑儀[illegible]，謝莊作哀策文奏之。帝臥覽讀，起坐流涕曰：不謂當今復有此才。都下傳寫，紙墨爲之貴。（卷十一）

又張永傳：又有巧思。……紙墨皆自營造。上每得永表啟，輒執玩咨嗟，自歎供御者了不及也。（卅一）

又高帝諸子傳：武陵昭王曄，高帝雖爲方伯，而居處甚貧，諸子學書無紙筆。曄常以指畫空中及畫掌學字，遂工篆法。（同上）

江夏王鋒，母張氏，有容德，宋蒼梧王逼取之，又欲害鋒。高帝甚懼，不敢使居舊宅，匿於張氏舍，時年四歲。性方整，好學書。張家無紙札。乃倚井欄為書。書滿則洗之。已復更書。如此累月。

又嘗與不肖拂圖屏。而先重屋上。學為書字。五歲。高帝使學鳳尾諾。一學即工。高帝大悅。以玉麒麟賜之。曰。麒麟賞鳳尾。（四卷）

南史隱逸傳阮孝緒子野。裴虔之為書係勉。言其年十餘歲隨父為湘州行事。不書官紙。以成親之清白。（七卷）

又陶弘景年四五歲。恆以荻為筆。畫灰中學書。（七六卷）

陳書儒林傳鄭灼之家貧。抄義疏。以日繼夜。筆毫盡。每削用之。（卅）

三卷

官印之制（宋書禮志）（六十八卷一八〇）

奉為稱文積用玉匱下不得用其余
制宜口以[illegible]金為書上的

官印隨官而改（宋書卷五十六孔琳之傳）

梁書于闐傳：書則以木爲筆札，以玉爲印。國人得書，戴於首而後開札。（五四卅下）

魏書崔鴻傳：鴻撰十六國春秋，並崇諸隨國其送書。鴻以其書武闕初相傳。送于秦成以其題頌，乃兼載其報已。……又除宗素稱[redacted]厚。惟值紙爲力。書於紙素。書寫可觀，無不開據。（六九下）

北齊書徐之才傳：又以小字於嚼箋。以當撮錄就之文意已。從晉嵩。此不好以上。（卌三下）

又邢邵傳：每一文初出，京師爲之紙貴。（卌不詳）

石經有傳拓之本，見隨志。（卅二上）

北史魏本紀：文帝大統五年冬十月，於陽武門外縣鼓，置紙筆，以

求日失。（四七止）

北吳盧同付周吏部勳，方叔言足當付有措從之，艱以印記印縫

青川璧裂時之（卌止）

北吳錄謝付盧右冥目盲。以手模書面知其字。（四九止）書籍用

書牘時有寶昳

當中豎裂。通鑑梁武帝天監十六年：魏人多竊冒軍功，尚書左丞盧同閱吏部勳書，因加檢覈，得竊階者三百餘人，乃奏乞集吏部、中兵二局勳簿，對句奏案，更造兩通，一關吏部，一留兵局。又在軍斬首成一階以上，即令行臺軍司給券，當中豎裂，一支付勳人，一支送門下，以防偽巧。大存後之使此錄查寄崔立

之詩所謂首尾合爲文者也。今人亦謂析產文書爲分文帳」(雜錄8上)
古爲書錄。通鑑梁武帝中大通三年「宋世謂之爲儀注
也。長宋葉之錢氏傳自劄隸爲以凡案法,亦爲凡屬。在文者曰
皆謂移凡案而貫穿之爲以凡案謂爲以移者爲書也
案據者凡有文字簿所以爲據者亦謂之案」(雜錄7下)
帖教畫教書門。通鑑齊東昏侯永元元年「是時……遂之……
徐孝嗣……江祏……蕭坦之……江祀……劉暄更直內省
分日帖敕」注「帖敕,以移敕作小帖紙,書其所授畫敕也」(雜錄二上)
黃白紙。唐時之用黃紙寫詔,可見黃案白案時寫詔敕下可
孫愐唐韻諸用黃紙。通鑑宋營陽王景平元年注引諸葛道(雜錄九下)

白筆乃蹤事遂露簪用以書業荷用以荷奏事（十二附）宋書禮志

古書誤則削之所削曰柿　顏氏家訓書證篇（下註8）

文具

「家貧ㄧㄧ，無紙筆學書，等竹道劃」。宋史李行簡傳（二百六十一上）

「簡以裁取」。宋史王若傳：平生自奉甚儉。有故人子孫京來告別。

發笥之具饌。合坐中（？）送數袖管紙。啟視之，皆它人書簡以

「裁取竹也」。（二十四上）

無紙。宋史歐陽修傳：四歲而孤，母鄭守節自誓，親誨之學。家貧，

至以荻畫地學書。（三百十九上）

錢氏。宋史方技傳：甄棲真，即官而小隱，自若殘室。ㄧㄧ咸不食。一

月。與來居一歲，知叙別ㄧㄧ以紙衣臥磚榻。（四百六十二上）世宗朝湖

南周氏李觀象傳：逢署為掌書記。觀象性深忍，多謀叔。叔象巽

〻及禍。法若自励。以求去。逐。中布帛衣。未以紙。紙衣之。（のかニ下のオフ之）

鄴宗奏。見宋史山暉伝（和一上）白居易書藤紙（外）蒙遊ぶし。陪撒高合籍六

只此首七六下（の2上）

元史刑法志。諸塩鋪以府文巻作故紙要売者。杖七十七。同霖

盗刺字。買巻入管の十七上。（和同外）

元史綦叔宗伝。叔宗生長兵間。学書無従得紙。父以川削柳為簡。写

以授之。成誦削去更書。（和六上）

元史塔本伝。遺命葬以紙衣瓦棺（和同上）

子與

明史藝文志雜史類「劉同羊書一卷」注云「塞外無樹，以羊皮書之，故名羊書」（明史九七之2）蓋同所記正統景泰天順時事也，則其時塞北尚以羊皮爲書也

又文苑傳宋克（宋濂傳）「杜門染翰，日費十紙，遂以善書名天下」（〔程〕10上）

蔣之翹縫紙爲衣（畢録十五上）

周代書册制度考補說十　求古錄

赫蹏書　漢書外戚傳（九七下注）

之紙爲歐洲黑暗時代之一因。阿剌伯人造紙之知識係由中國得自中國人，歐人又得之阿剌伯人。　蓋歐洲鈔本書用羊皮紙或埃及草紙，自阿剌伯征服埃及，歐洲草紙之來源遂絕，紙之出產不多，則印刷術無所用，祗紙及民衆[redacted]教育以書籍爲工具者亦將成爲不可能。歐洲黑暗時代之黑暗，此殆爲一重要原因，而出於史家普通衡定之外者也。　世界史綱卅一章八節頁五三

方乙

[redacted] 印刷

[redacted]

刻瓦爲印。○周書宦世傳付使列傳書程程（孫）到宜城無根達對刻

瓦爲印書墨印綬（職廿上）

傭書。○後漢書班超傳：永平五年兄固被召詣校書郎超與母隨

至洛陽家貧常爲官傭書以供養……顯宗問固卿弟安在固

對爲官寫書受直以養老母（七七上）

印刷之興。書價低　書籍驟增　讀書者多　文字趨約

印刷

掃拓打拓 反刻倒讀

中國考古小史自序三 考古學史頁的

冊用竹簡書用漆（與84史

異文

024

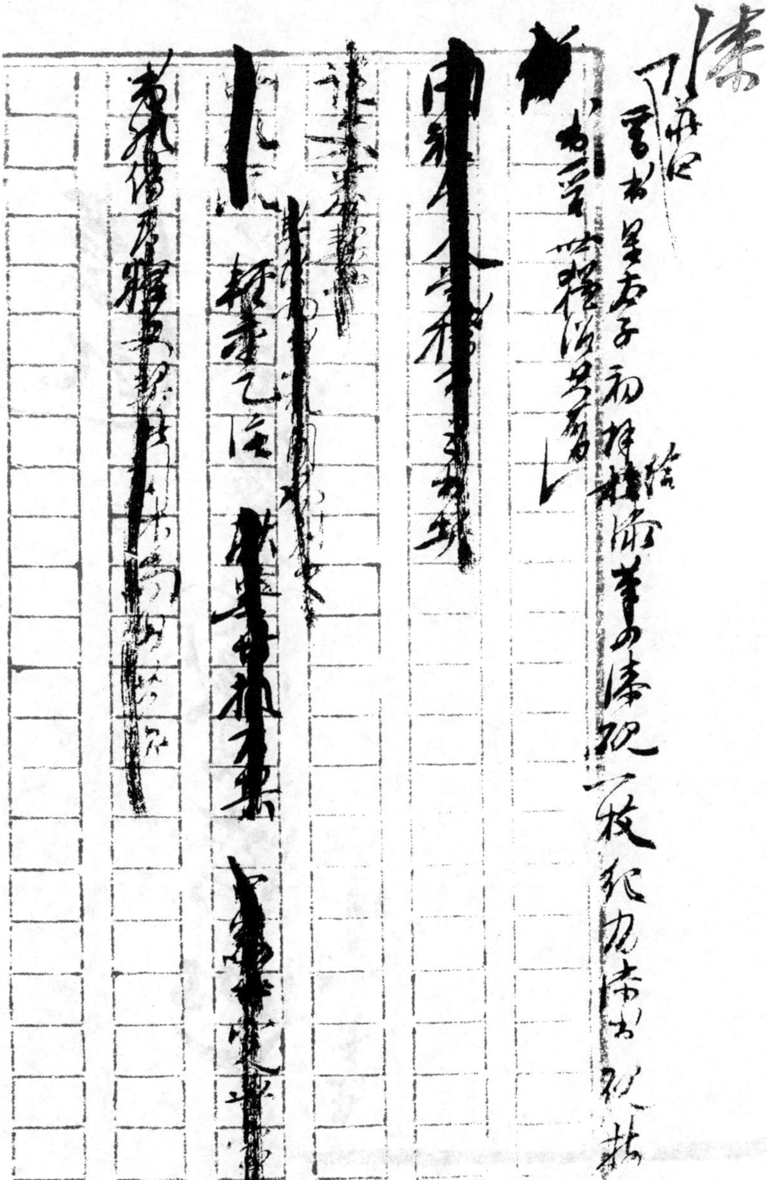

筆記

第三稿之（録七六題）

[illegible]

墨

其[illegible]但[illegible]人古[illegible]，[illegible]古印以[illegible]樹[illegible]成[illegible]松[illegible] 認 [illegible]

代墨

[illegible]人稱墨者[illegible]，今用[illegible]生[illegible]何刻[illegible]八 一九二一[illegible]

長城[illegible]墨人[illegible] 合[illegible]用[illegible]印[illegible]

卷[illegible]八の18

清刻印[illegible]

王[illegible]紀[illegible]印一[illegible]

石[illegible]

屋[illegible]

印[illegible]

[illegible]

趙[illegible]錄上古以竹挺[illegible]中古有[illegible]

[illegible]松[illegible]

[illegible]松[illegible]

宣[illegible]印木刻[illegible]

[illegible]

逕

文具

番

今人稱紙一曰葉，筆曰一枝。葉也，當作番。沈度宋試

新聞紙謂紙一，全張之紙，少減曰帳，由謂之番

數曰番

多少字

一

[redacted]调声曲折

律志讽咏 河南周歌声曲折七篇

周谣歌诗声曲折七十五篇 秉

此叠一字不止一言之始

壬

刻石

林罕字源偏旁小說序：罕卧疾數年，飽食終日，思有寄悟，貽厥將來，非敢衒藏私家，實冀徧之天下，乃手書刻石，期於不朽，一免傳寫之誤，又免翰墨之勞，或有索之易爲脫本」

勉案：罕序在廣政十六年。時雕版蓋猶未盛也。

傳燈帝　卷九乾諸二

文具

通鑑綱目太祖廣順二年李穀以病臂久未愈。三表辭位、不許。穀未能執筆。詔以三司務繁、令刻名印用之。（私上）

又唐宋類依五年唐至手表謝恩之法

手表并手書之（務上）

文字（書法）

章疏字（手寫）の（畢卅三6下）

文具（印刷）

請發錢校宣部（畢卅六6上）

帝制

帝制

五帝先（服虔曰：力牧，黄帝之佐也。）大禹得咎繇而爲三王祖，齊桓得筦子而爲五伯長（師古曰：筦字與管同。伯讀曰霸。）今陛下講于大禹及高皇帝之建豪英也（臣瓚曰：講謂講議也。）退託於不明以求賢良（師古曰：自託不明，是謙退。）讓之至也。臣竊觀上世之傳（師古曰：謂史傳。）若高皇帝之建功業，陛下之德厚而得賢佐，皆有司之所覽，刻於玉版，藏於金匱，歷之春秋，紀之後世，爲帝者祖宗，與天地相終。今臣窋等迺以臣錯充賦（如淳曰：猶言備數也。臣瓚曰：充賦，此錯之謙也。云如賦調也。）甚不稱明詔求賢之意。臣錯屮茅臣，亡識知，昧死上愚對曰

漢書鼂錯傳錯對策

經釋

西人設墨海　美人設美華書館　此任

英人設點石齋　又初

[illegible]

子言之君子之道辟則坊與坊民之所不足者也 民所不足謂仁義之道也失道則放辟邪侈也○辟匹亦反注同舊芳益反徐又音譬與音餘邪似嗟反侈昌氏反又尺氏反 大爲之坊民猶踰之 言嚴其禁尚不能止況不禁乎 故君子禮以坊德刑以坊淫命以坊欲 命謂教令

疏 子言至坊欲○正義曰此一節發端起首揔明所坊之事但此篇凡三十九章此下三十八章悉言子云唯此一章稱子言之者以是諸章之首一篇揔要故重之特稱子言之也餘章其意稍輕故皆言子云也諸書皆稱子曰唯此一篇皆言子云是錄記者意異無義例也但此篇所坊體例不一或數經共論一事每稱子云以此坊民或有一經之內雖說一事即稱民猶犯齒民猶犯貴民猶犯君或有每事之下引詩云唯說一事下即云以此勞民結之或有一經之內發初言子書結之者或有一事之下不引詩書者如此之屬事義相似體例不同是記者當時之意無義例也今各隨文解之○辟則坊與者君子之道坊民之過譬如坊之礙水故云辟則坊與但言坊字或土旁爲之或阜旁爲之古之通用也○坊民之所不足者也釋立坊之義也言設坊坊民者爲民行仁義不足故也○大爲之坊民猶踰之者解不可無坊也聖人在上大設其坊坊之而人猶尙踰越犯躐況不坊乎故君子禮以坊德者由民踰德故人君設禮以坊民德之失也○刑以坊淫者制刑以坊民淫邪也○命以防欲者命法令也欲貪欲也又設法令以坊民之貪欲也

（坊記）

[illegible]

文例

如是我聞

此儀同於凡某某出處語作記之人以自謙遜其敬

與書劄共儀而傳聞舊說恰云聞

勉學者向聞當「如是我聞」例

文具

則

以赤石脂圖

以朱西神圖（以上六年）82

20

70

印刷

活字紙版

以活字排印書籍。以紙之質韌性綿者如干層。逐層裱褙。（從俗。承用字。）約厚一分。每版排成。先不刷色。趁紙未乾。覆置版面。重量壓之。字畫凸出者。著紙凹入。顯豁呈露。不爽豪髮。與古人泥封之法略同。下次印書。鎔鉛澆紙即成版。費省工倍。間有奪譌。修改亦易爲力。外國人謂之澆製。始於饒弗。按。宋慶歷中。畢昇創活字板。以膠泥燒成。明陸深金臺紀聞云。毘陵人初用鉛字。清康熙年間。編纂古今圖書集成。刻銅字爲活板。乾隆時。又以木字代之。錫名聚珍板。此活字印書之權輿也。外國活字板。始造者爲谷登保。生於明永樂元年。世居每納士。所印拉丁字新舊約。今存普魯士書庫。其法分每字母爲活板。不必逐板雕刻。而數十百種之書。悉可取給。發明澆製之饒弗。導源於谷氏者也。中國活字之興。先於外國。幾一二百年。區區紙版之發明。猶爲仿自外人。苟力求進步。何遽不相及若是耶。

徐贊

西泠印社活字板

一九二〇年

一九三八年陳良友木刻活字

一九五二年制金屬活字

士大夫手寫書者

於半學海大業庚寫書圖節

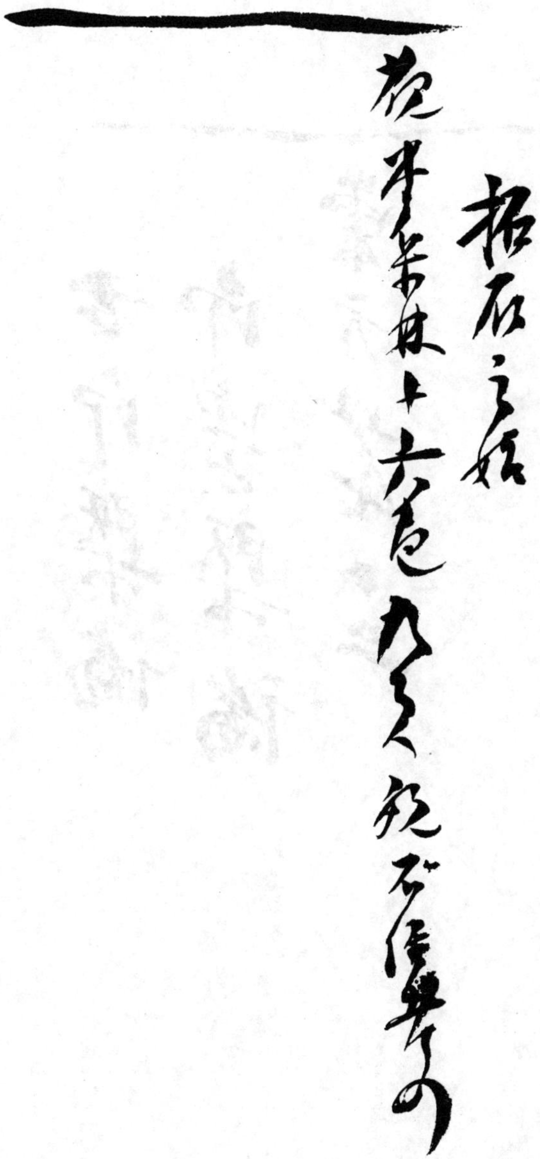

劄一

古印璽論

印學璽論

東方雜誌

刷印

已刻[illegible]讀[illegible]

朱墨版二〇〇五

小學

方言續寫

[redacted]真

樹子厚刻行

陶有新文書書一卷己後書林付

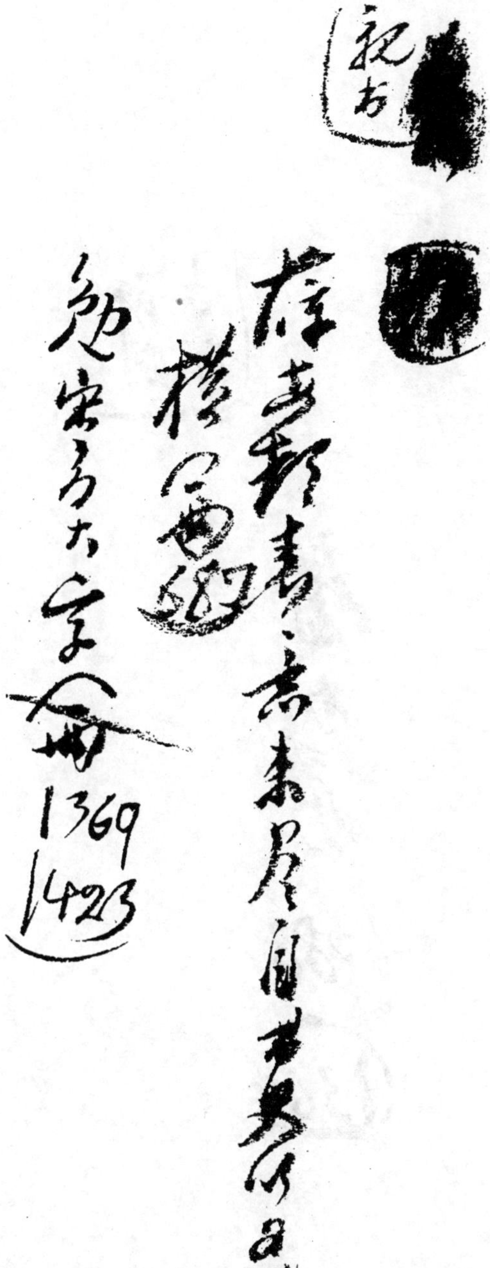
589
1369
1423

印刷
手抄

廣方一兩

1088

1369